個に応じた
英語指導をめざして

ユニバーサルデザインの授業づくり

村上加代子

Kurosio

くろしお出版

はじめに

　筆者は約10年以上前、当時の勤務校（神戸山手短期大学）で学習障がい（Learning Disability: LD）のある子どもたちへの英語指導（「チャレンジ教室」）を主催するようになりました。そこで痛感したのは、「私は子どもたちのことを何もわかっていない」ということです。子どものつまずく原因や、指導の選択肢についてほとんど知識がなく、「教科書や小説も読めますが、文字は書けません」「IQは高いんですが、読み書きが苦手です」という子どもたちを前にして、「どう教えればいいのだろう」とまったく手探りのスタートでした。教室の最初の生徒は、当時小学6年生のRくんです。彼はその後高校を卒業するまでの6年間、筆者が試す様々な指導法や教材に快く協力し、感想を伝えてくれました。RくんはLDで知的な遅れはないのですが、なかなか指導の成果が出ず悩みました。そして「どの教え方ならいいのか」を決める前に、子どもたちの「学び方」についてもっと知らねばならないと痛感し、特別支援教育士講座（S.E.N.S）[1]を受講することにしました。

　S.E.N.S講座では　「発達障がいと医療」「学力のアセスメント」「個に応じた支援」「国語・算数・ソーシャルスキルの指導」など、一見英語には関係のないように見える多くの科目を受講しました。そこで得た学ぶ側の特性・発達に関する知識と教科教育を関連させる視点は、その後の筆者の英語指導研究の土台となりました。

　子どもの理解や教材の分析は、指導の根拠となる"WHY"から、指導選択の"HOW"につながります。以後、「こう教えよう」と決める前に、「どこにつまずきやすいだろうか」「どうすれば学びやすいだろうか」と考え、いくつもの指導の選択肢を準備するようになりました。

　2021年1月26日、中央教育審議会は今後の初等中等教育の方向性を

1　特別支援教育士S.E.N.S（Special Educational Needs Specialist）（センス）は、一般社団法人特別支援教育士に資格認定協会が認定するLD・ADHD等のアセスメントと指導の専門資格。http://www.sens.or.jp

まとめた「『令和の日本型学校教育』の構築を目指して」[2] を打ち出しました。社会の急激な変化を背景に、2020 年代を通じて実現する学校教育を「全ての子供たちの可能性を引き出す、個別最適な学びと、協働的な学びの実現」とし、新学習指導要領に基づく「一人一人の子どもを主語にする学校教育」がより具体的に示される内容となりました。「個別最適な学び」とは、ICT の活用やきめ細やかな「個に応じた指導」を、学習者の視点から整理した概念です。答申では「児童生徒が、自分のよさや可能性を認識するとともに、あらゆる他者を価値のある存在として尊重し、多様な人々と協働」(p. 3) することの重要性が繰り返し述べられ、学校社会における多様性や違いを活かした授業の実現がこれまで以上に求められていることが伝わります。

　英語は読み障害のディスレクシアが人口の 10%以上出現するとも言われるほど、世界でも読み書き習得の難しい言語のひとつです。それも音韻の処理や文字と音の対応など、基礎的な段階でのつまずきが特徴です。日本でも小学校から文字指導が始まりましたが、導入期の指導をおろそかにすることで、中学校で多くの子どもが単語レベルでつまずくことが十分に予想される上に、読み書きは習得の個人差が大きくなりがちな領域です。そのため、個に寄り添う視点に加えて、子どもに要求する学習内容や目標が発達を踏まえた適切なものであるかといった、2 つの視点が必要です。「言語が違う」ということは、その習得に必要な認知のスキルや、要求されるレベルすら異なる可能性があるということです。そのため、「指導 (努力) すればできるはず」「特別な子どもだけがつまずく」というバイアスを一度外して、日本語母語話者であればどこでつまずきやすいのか、どうすればつまずかずに学べるのか、という観点から英語指導を見直していく必要があると考えています。

　本書は、学ぶ側の子どもの視点から読み書き習得の難しさを理解し、その実態に応じた指導ができるようになることをめざしています。英語教育に携わっている小学校、中学校、特別支援、通級の先生方を対象に、学び方の違いを活かす、きめこまかなユニバーサルデザインの配慮を施した授

2　https://www.mext.go.jp/content/20210126-mxt_syoto02-000012321_2-4.pdf
(2021/03/30 アクセス)

業づくりを提案します。子どもたちの得意・不得意に応じて指導方法を変えたり、自信を持たせる工夫ができるのは実際に指導している教員にしかできません。

　本書の第 1 部では、英語の読み書き指導に関する具体的な指導法を紹介しています。ローマ字やアルファベットの文字指導、音韻意識、デコーディングの基本的な内容について、「障がい[3]を持った子どもたちがいた場合はどうすれば良いか」「つまずかせないためにはどういう配慮が必要か」など、直面している問題点を念頭に置いてお読みいただければきっとヒントが見つかることと思います。

　第 2 部では、近年、日本の教育現場において強く求められるようになったインクルーシブ教育や、ユニバーサルデザインの授業づくりのために大切なこと、そして子どもの理解を深めるための発達障がいの基本的情報をまとめました。また、学びのレディネス育成の観点から、英語の読み書き習得に必要な要素やステップを解説するために、ディスレクシア出現率の高い英国のカリキュラムを紹介しています。その実践から日本の学校でもできること、気づいていただきたいことをまとめています。

　本書のゴールは「1 人ひとりの学びのニーズを踏まえながら、英語の読み書き基礎力を育成できる教育者を育てること」です。日々の授業では目の前の教科書や学習目標に縛られず、10 年後、20 年後の子どもたちの未来の姿を想像しながら、子どものありようを丸ごと受け入れ、肯定し、それぞれの成長を信じる、心のゆとりが大切です。日本では英語のリテラシー育成についてはわかっていないことも多く、著者自身もこの領域で学びを続ける 1 人の学習者です。皆様と共に、どの子にとっても明るい希望いっぱいの英語教育の実現に参加できることを願っています。

3　本書では「しょうがい」の表記については、引用文を除き「障がい」に統一しました。

目 次

第2部

読み書きでつまずかせないための
セオリー　91

活動例一覧

コラム

第1部

「ユニバーサルデザインを意識した
読み書き指導」について考える

言語のコミュニケーションには、「口頭でのコミュニケーション」と「文字によるコミュニケーション」があります。2020年に始まった小学校3、4年生の外国語活動、5、6年生の英語科は、主に音声を中心とし、オーラルでのやりとりによって意味や表現理解を培っていく「口頭でのコミュニケーション学習」が中心となります。授業を通して子どもたちは好きな食べ物や将来の夢について話したり、お互いの体験を報告しあったり、意見交換等を通じて学びの体験が積み重ねられていきます。

　文字の学びは「慣れ親しむ」だけでは身につけることは非常に難しいものです。詳しくは第2部で述べますが「英語を聞けて、英語を話せているから英語が読める」というものでもありません。たとえば、小学生が文字のついた絵カードを見て単語を発話するとき、多くの場合、文字の横に添えられている絵やイラストを手掛かりに応答しているに過ぎません。単語を絵ロゴ的な図形にとらえていたり、なかにはローマ字のように読もうとする子どももいます。文字を音に対応させ音声化するデコーディング処理によって英単語が読めているわけではありません。

　「英語の単語が読める（デコーディングできる）」ためには、単語を文字に分解し、音声化するスキルが身についていることが不可欠です。"pink"という単語を例にとると、それぞれの文字には音が対応し、それをつなぐと単語になることがわかって初めて、「[p], [i], [n], [k]…[pink]、そうか、"ピンク"だ」というように、自ら「文字―音―意味」のつながりを強く意識することができます。このような文字から音への変換が初期の読みスキルに必要な練習です。小学校で蓄えた「音声による単語やフレーズ」が、中学校で教科書を読むようになったときに「この単語知っている！」「このフレーズは、こういう意味だったんだ」と意味とつながっていきます。文や単語を読んで理解できることは、生徒にとっても大きな喜びとなります。音声の学びと文字の学びは、このように音声的な活動をトップダウンで体験しつつ、文字と音の対応スキルを段階的に身につけるボトムアップで積み上げていきます。その際も、長期的な計画によって両者がバランスよく進められることが大切です。

　第1部では、従来行われてきた英語の指導法が、実は生徒のつまずきのきっかけになっていることに気づいてもらえるような構成になっていま

す。通常学級ではなるべく指導の網の目を細かくし、つまずきを回避しながら進めるような配慮が必要です。そのためにも、「どこでつまずきやすいか」の視点を持っておくことで、学力格差が広がる前に小さなつまずきに適切な対応ができるのです。ここに紹介する活動は、今までに筆者自らが実践して効果のあった指導法や教材です。中学校での学びにつながる基礎づくりとしての文字指導、小学生にふさわしい授業を提案したいと思います。

第1章

指導案作成の前に
知っておきたいこと

　より良い授業は指導案作成の段階から始まります。それぞれの授業には「ねらい」「指導目標」があり、指導を成功させるにはそれぞれの活動が、どの場面で、どのようなタイプの子どもがどのように行動するかなどを予測し、準備をしておく必要があります。

　指導案を作成した後、それを再度眺めてください。クラスの1人ひとりの姿が浮かび、それぞれの場面でどのように動くかが見えてきますか。「つまずき」と思えるほど大きな問題には見えないかもしれませんし、必ずしも「いつものあの子」が問題となるというわけでもないでしょう。たとえば、他の生徒の発言につられて騒いでしまう子もいれば、発表を促されても何の反応も示さない子、ぼんやりと遠くを見ている子など、教室にいる子どもたちを思い浮かべながら、その指導案を頭の中で再現してみてください。どうでしょうか。「ここは、この子には難しいかもしれないな」というポイントが見えるでしょうか。

　授業はそうした「目の前の子どもたち」のためのものです。「指導案優先」「教師優先」にならないためにも、子どもたちの姿を想像し、柔軟に対応できるようになれば素晴らしいですね。

1 … 指導案を手直ししましょう

　子どもたちの顔を思い浮かべながら、気づいたことを指導案にメモしましょう。「初めての内容だから、スピードをもう少しゆっくりした方がいいかもしれない」「習った単語がまだ十分に定着していないから、この活動は難しいかもしれない」という教員の勘はたいてい当たっていることが多いようです。どのポイントで授業がうまく進まなくなりそうですか。ある

いは、どの生徒がはじき出されてしまいそうですか。具体的にイメージしながら指導案に変更を加えましょう。

2 … 準備段階を増やそう

　活動自体が難しいと思った場合、短時間でも準備段階の活動をいくつか追加できないかを検討しましょう。たとえば、海外での会話の動画を流して何の話をしているかを聞く活動や、ネイティブスピーカーのまとまったスピーチを聞く活動があります。そのリスニング活動の目的は何でしょうか。英語のイントネーションなどに慣れ親しむためですか、それとも、何が話されているのかおおよその内容を理解させることでしょうか。もし後者であれば、スピードのコントロール、語彙の確認などはしっかり行っていますか。

　リスニング活動では何が話されているのか推測させることは大切ですが、クラス内には聴覚理解が遅かったり、集中力が続かなかったり、語彙の定着ができていないといった子どもたちがかなりいるはずです。「全くわからない音声がただ流れる」という活動になっていませんか。「英語が得意な子どもたちだけができる」活動にならないようにしましょう。

　このような学級内で得意・不得意がはっきりする活動では、前もって「単語を絵カードで見せておく」「この活動をする前にウォームアップのような活動を入れた方がいいかもしれない」というように、必要に応じて指導ステップを一段増やすと良いでしょう。つまずきが回避され、より多くの生徒が参加しやすくなります。

3 … 活動に多感覚指導を取り入れよう

　視覚、聴覚、触覚など、刺激を複数用いる「多感覚指導」は発達障がいのある子どもにも効果があるだけでなく、どの子にとってもわかりやすい指導法です。普通、授業では聴覚（教員の説明、CD など）と視覚（絵カード、映像など）を用いた活動が多くなりがちですが、「聞いてわかる」「見てわかる」ことが苦手な子どもたちに対して、その他の感覚（運動や触覚などの五感）刺激を用いるととても効果があります。

　たとえば、「この活動は五感のうちの視覚・触覚・聴覚・味覚・嗅覚の

どれを使っているのかな」と教員が意識するだけでも、その刺激を必要としている子どもたちに効果的な教材の準備につながります。教員が想像しなければ、何も変わりません。「視覚」といっても、文字のような「線」を用いるのか、絵のような「イメージ」を用いるのか、色はどうするのか、など違いがあります。子どもによっては線よりもイメージがわかりやすかったり、色をつける方がより印象に残ったりすることがあります。英語圏ではシェービングクリームを使って文字を書いたり、箱の中に塩を入れて指で文字を書いたり、モールや粘土で文字を作成するなど、「見る」ことに加えて「動作」や「触覚」も用い、"鉛筆と紙"以外の様々な方法で「形への慣れ親しみ」活動を行っています。

　「聴覚」を使う活動は、ただ「英文を聞く」だけではなく、そこに「メロディ」がプラスされると音楽になり、リズムが加わるとチャンツになります。「視覚＋聴覚」を使う活動では音楽を聴きながら絵カードを見せたり、「視覚＋聴覚＋動作」では絵を見ながら歌を聴いてその動作をやってみます。写し書きのような単調に見える活動も、「触覚」を加えて段ボールや紙やすりのようなざらざらした面を指でなぞるだけで、鉛筆とはまた違う指先の感覚となり、文字の動きを覚えやすいと感じる子どもがいるかもしれません。鉛筆の代わりに筆を使うのもいいでしょう。「ゆび筆」という指にはめて使う筆があります。これを使って「水半紙」に水でアルファベットの文字形を書く活動などは、水があっという間に乾いて何度でも書けるだけでなく、腕も動かすため、不器用さがある子どもでも気持ちよく楽しく行えます。

　このように、多感覚指導は複数の刺激を組み合わせるので、単調さもなくなり多くの子どもたちが生き生きとします。また、大切なことですが、もしかすると指導者にとっては「ピンとこない」やり方が、教わる側にはわかりやすいやり方である可能性があることを認め、指導者にとっては苦手な選

択肢も用意できるようになってください。授業に参加している子どもたちの様子を公正に見て、なるべく多くの感覚を用いるよう心を配る必要があります。

4 … 代替案を用意しよう

　クラス全員で一斉授業が当たり前、という考え方は変えていきましょう。人それぞれに学びやすい方法があります。また、凸凹の激しい子どもに対しては、「他の子ができるから」「他の子と同じように」という考えではとても参加できない場面が出てきます。その代わり、その子の特性に合った別の選択肢があれば、参加できる可能性はぐっと高くなります。インクルーシブ教育での「同じ場で共に学ぶことを追求する」ためには、こうした選択肢が欠かせません。子どもに必要なものを自分で選ばせることも大切です。指導者側が子どもの側に立ち、「これならできるかもしれない」という方法をいくつか用意しておくと、その場で慌てたり、「こうすれば良かった」と後悔することが減るはずです。

　たとえば、"発表"をさせようと考え、「自分の好きなことを相手に伝える」という活動を予定したとしましょう。人前で発表するのが苦手な子どもがクラスにいたら、どのような工夫ができるでしょう。「人前で何かを言う」以外に"発表"に対する評価ができるのかと思うかもしれません。そんなときは活動の目的をもう一度考えてみましょう。「発表」の活動では、思いや意見をそれぞれのやり方で伝えようとする意欲が育つことが大切です。そのためには、まずは「伝える」ことが成立すれば成功です。そうすると、「言う」以外にも「絵を見せる」「ジェスチャーを使う」「作品を見せる」など、補足するアイテムを使うこともできるでしょう。発表者が自分の伝えたいことを本人にとって一番やりやすい方法で伝え、参加者がそのメッセージを理解することができれば、「伝える」目標は十分に実現しているのではないでしょうか。その際も、「英語の正しさ」や「皆と同じレベルの内容」という基準を求める必要はないはずです。

　「発表のときは、みんなにわかるように伝えましょう。どのように伝えたらわかりやすいかな」と子どもたちに問いかけ、「このように伝えることもできるね」といくつか選択肢を提示し、子どもたちから意見を募って

もいいでしょう。自分で表現する方法を考え、学ぶ手段を「選ぶ」ことは、自主的な学びの態度の育成にもとても大切です。教員が「こうしなさい」と指示するのではなく、「こういうやり方だったら自分はできる」と思える手段を身につけさせることが自信につながります。うまくいかなかったら、また違うやり方をすればいいのです。教員と信頼関係が結ばれている子どもほど学び取る力のある学習者はいません。子どもたちを信じて、学びの選択肢をできる限り考えてください。

5 … 教員間のコミュニケーションを図ろう

　学級担任が授業を担当していない場合（ALT、専科教員、地域の人材などが担当）には、教員間のコミュニケーションはとても大切です。クラスの様子、子どもの得手不得手などの情報については予め伝達しておきましょう。そのためにも、指導案や活動案のなかで「どのような配慮をするか」を文章化し、話し合うことで担当教員の活動でも配慮してもらうことは、授業が成功するためには欠かせないことです。

コラム1　　「裸の王様」の被害者は真面目な子どもたち

　指導者本人が「この授業は今まで何度もやっていて自信がある」と思い込んでいる授業ほど、往々にして子どもたちへの配慮を疎かにしてしまう可能性があります。

　もう何年も前になりますが、熱心さでも知られるA教員の授業を見学する機会がありました。元気がよく、大きな声でみんなを引っ張っていくタイプで、音楽を使って「さあ、元気よく。できるよ！　上手！　もう1回言ってみよう！」とテンポよく進めます。けれども、クラスの中に数名、つらそうな様子をしている子どもたちがいることに気づきました。そのうちの1人は自閉傾向があり、授業スピードにもついていけずに「何がなんだかわからない」状態になっていました。もう1人は注意・集中に困難さがあり、感覚の過敏さもあったため、A教員の大きな声と音楽に合わせて矢継ぎ早の質問

のテンポに合わせられませんでした。机間巡視の際は、1人ずつに声をかけていくのですが、字が汚いと「読めない！ バツ！」と子どもたちの目の前で×をつけます。通常、書くことに困難を抱える子どもは、定型発達の子どもの何倍もの努力をして文字を書いています。精一杯書いたものが目の前で「バツ！」とされた子どもは、顔を真っ赤にして教室を飛び出していきました。書いた内容は間違いではないのに、どうして先生はそのような指導をしたのでしょう。

　公開授業の後に、「あの子たちへの指導方法を少し変えてはどうですか」と提案しましたが、納得がいかない様子で、先生なりの理由をおっしゃって、その後の指導法や子どもへの対応を変えることはありませんでした。A教員の授業を楽しみにしている子どもたちも多く、授業方法を変えることにためらわれたのかもしれません。しかし、その指導法に合わない子どもはとても強いストレスを授業のたびに感じることになります。それが「この先生が苦手」から「この先生が教えている科目が嫌い」「行きたくない」へと発展していくこともあるかもしれません。どの授業でも、最初はみんな先生に認められたい、褒められたいという気持ちが一杯で、先生のやり方に合わせようとがんばっています。それ故、がんばっても無理だと思い始めたときに教室を飛び出したり、パニックを起こしたり、行き渋りが始まったりします。

　そうした段階に進む前に、子どもの態度を非難したり、変えようとするのではなく、先生自身が子どもたちのサインを受け止め、立ち止まり、想像力を働かせる機会にしましょう。顔が真っ赤になって教室から飛び出すほどの我慢を強いてまで「指導法を変える必要がない」という教員は、自分の授業方法に合う子どもしか指導できません。これからの教員は、「どうもこのやり方は子どもには合っていないかもしれない。どの方法がいいだろうか」から始まり、指導の選択肢を十分に持ち、適宜それを使い分ける姿勢が大切です。

第2章

ローマ字の読み書き指導

　小学校3年生の「国語」の時間に習うローマ字は、アルファベット文字を読み書きのツールとして用いる最初の機会です。つまり、国語の時間に習うローマ字は日本語なのです。ローマ字表を初めて見て、「わあ！ 嬉しい、これで英語ができるようになる」、と大喜びするのが多くの子どもたちの反応です。ローマ字は英語という思い違いではありますが、子どもたちがアルファベット文字の学習に前向きでいることがわかります。それにもかかわらず、多くの子どもたちから「ローマ字でつまずいた」「ローマ字が全くわからなくて、英語も嫌いになった」「ローマ字は嫌い」という声が聞こえます。配当時間の少なさにも関係があるのでしょうが、どのような工夫が考えられるでしょうか。

1 … 子どものつまずき①：ローマ字が全然できない

　3、4年生のローマ字について、文科省指導要領の学習目標には、「第3学年においては、日常使われている簡単な単語について、ローマ字で表記されたものを読み、また、ローマ字で書くこと」と解説されています。

　ローマ字学習でのつまずきは、そもそも子どもたちにとって「見たことはあるけれど、読んだことがない記号」でしかないアルファベットを、短時間で読み書きに使用できるレベルに到達させようという目標設定自体に問題があるのかもしれません。同じ3年生で導入される外国語活動でのアルファベットの扱いはもっとゆるやかです。「文字は音声によるコミュニケーションを補助するもの」として位置づけられ、楽しみながら子どもたちが文字に慣れ親しむことが重要だと考えられています。文字を1つひとつ丁寧に指導するための活動例も紹介され、読んだり書いたりすることは高学年まで求められていません。

　これは国語だけの問題ではなく、ローマ字学習でつまずき、そこから英

語が嫌いになったという子どもたちも多くいます。ローマ字の配当時間はかなり少ないことから工夫が必要です。たとえば、3年生では、日本語のかな文字や漢字にはない書き方をする文字に限定した文字の形に時間をかけるようにする。ローマ字表を見ながら全員が自分の名前や単語が書けるくらいにしておく。「小学校の間に覚えればいい」とローマ字習得のゴールを数年後に置き、少しずつ進めていくようにします。焦る必要はありません。毎年繰り返している「ローマ字の落ちこぼし」を少しでもなくすために、子どもたちに無理のないカリキュラムマネージメントをしましょう。それだけでも教員側も気が楽になり、余裕を持って取り組んでいけるはずです。

2 … なぜローマ字を使うのか：ローマ字と英語の違い

　学校現場ではローマ字表記のことをローマ字と言っていますが、ローマ字とはラテン文字（アルファベット）のことです。近代ローマ帝国で使われていたので「ローマ」という字が当てられています。アルファベット文字を使って日本語の音を表しているのがローマ字です。ローマ字指導では「アルファベットを使って、日本語を表すんだよ」ということを、教員がしっかりと子どもたちに伝えましょう。

　アルファベットは世界で最も広く通用している文字です。日本語が読めない外国の人でも、アルファベットを知っていれば日本語の看板や案内がローマ字で書いてあれば読めますね。自分の名前もローマ字で書くと外国の人にも読んでもらうことができます。世界中の人とコミュニケーションするためにとても便利な文字です。日本語が全くわからない外国からの旅行者になったつもりで、街で見かけるローマ字で書かれた看板や道路標識を読む擬似体験をさせるといいかもしれません。

3 … 訓令式とヘボン式の違いを知ろう

　訓令式とヘボン式のどちらを使えばいいのか、という悩みをお持ちの教員もおられるかもしれません。訓令式は、もともと日本語の発音に合わせて作られています。したがって、"さ、し、す、せ、そ"は"sa、si、su、se、so"と表記します。子音字と母音字の組み合わせが1対1で対応してお

り、規則的で明快です。問題があるとすれば、日本語の"し"の発音はサ行の他の音とは異なり、英語の [ʃ] に近い音だということです。ヘボン式では"し"を"shi"と表記します。そのため、最初からヘボン式で"sh"と"i"の組み合わせで学ぶ方が、後々英語を学習するときに混乱しないだろうという主張もその通りです。ですが、「日本語の音の仕組みを理解する」という観点から見ると、「英語教育に悪影響」という議論はふさわしくはないでしょう。

　訓令式で使うアルファベットは、ア行の母音字 5 つ (a, i, u, e, o)、カ行からンまでの子音字 9 つ (k, s, t, n, h, m, y, r, w) の合計 14 文字です。英語の 26 文字に比べると少なく、ヘボン式の"sh"や"tsu"などの不規則な組み合わせもありません。学ぶ側の立場から見れば、規則的な情報の方が不規則な情報より容易です。まず規則的な組み合わせを学び、次の段階で不規則な組み合わせを学ぶ、というのは英語のフォニックスでも同様です。アルファベット文字を覚え、日本語として使えるようになってからヘボン式を導入することで、混乱や負担は少なくなります。

　「読み方を間違えるのではないか」という心配については、英語の音素やフォニックスを知らない 3 年生の段階で、アルファベットの文字を見て日本語に存在しない読み方（発音）をすることはありません。繰り返しますが、ローマ字は日本語の音声をアルファベットを使って表記したものです。たとえ"si"と書いても、「スィ」のような英語の発音にはなりません。子どもたちは"shi"と書いても、"si"と書いても、日本語の「し」と読むでしょう。

　日本語として学ぶのであれば綴りの規則性がわかりやすい訓令式の利点はとても大きいと思います。教科としての英語学習が始まる 5 年生になり、2 文字で 1 音を表すダイグラフ (digraph) と呼ばれている"sh"、"ch"などの組み合わせが登場するときに、改めてローマ字を復習し、ヘボン式を教える方がより子どもたちも納得しやすく、学習への負担も少ないでしょう。

　それにもかかわらず、学校現場においてわざと難しい組み合わせの単語（カタカナの外来語や、特殊音節を含む）をローマ字の小テストなどで出すのはなぜでしょうか。それも、英語の単語 (jam を zyam と書かせる) をローマ字で書かせることの目的は何なのでしょう。訓令式ローマ字指導

は、ヘボン式や英語のスペリングへの足がかりとしての位置づけとし、実用的なゴールとして日本語の地名や名前などが表現できれば十分ではないでしょうか。

4 … 規則性にフォーカスしよう

ローマ字学習の目標は、日本語の単語をアルファベット文字を用いて読んだり書いたりできることです。そうだとしても、いきなり「ka＝か」のように暗記させるのではなく、「子音字＋母音字」で日本語の音が作られているということに気づかせましょう。子どもたちは、「あ、い、う、え、お」の音が、"a、i、u、e、o"という文字で表せることを最初に習います。次に、カ行であれば、"k"の文字を"a、i、u、e、o"の前に置く、サ行は"s"を前に置くというように、文字と文字を足して日本語の1つの音になっているという法則に気づかせましょう。

"k"（カ行）、"s"（サ行）、"t"（タ行）、"n"（ナ行）、"h"（ハ行）、"m"（マ行）、"r"（ラ行）の7文字と、"y"（ヤ行）と"w"（ワ行）を覚えれば、母音字との組み合わせでほとんどの文字が作れます。さらに、イメージイラストで文字を導入し、「かけっこの"k"と、アリの"a"をつなぐと何になる？」「ka!」のように、子どもたちが自分で文字と文字をつなぐことを学んでいくようにします。このような文字を組み合わせて音にする練習は、"ブレンディング"という単語の読みの基礎スキルの習得にも関連します。ただし、日本語は英語とは違います。ローマ字はあくまでも日本語の音を表しているので、"r"や"t"の文字などを英語のように発音する必要はありません。

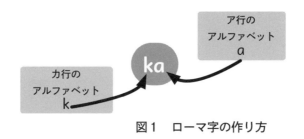

図1　ローマ字の作り方

ローマ字表（訓令式）

行＼段	大文字／小文字	あ	い	う	え	お			
	大文字	A	I	U	E	O			
	小文字	a	i	u	e	o			
あ		a	i	u	e	o			
か	K k	ka	ki	ku	ke	ko	kya	kyu	kyo
さ	S s	sa	si	su	se	so	sha	shu	sho
た	T t	ta	ti	tu	te	to	tya	tyu	tyo
な	N n	na	ni	nu	ne	no	nya	nyu	nyo
は	H h	ha	hi	hu	he	ho	hya	hyu	hyo
ま	M m	ma	mi	mu	me	mo	mya	myu	myo
や	Y y	ya		yu		yo			
ら	R r	ra	ri	ru	re	ro	rya	ryu	ryo
わ	W w	wa							
ん	N n	n							
が	G g	ga	gi	gu	ge	go	gya	gyu	gyo
ざ	Z z	za	zi	zu	ze	zo	zya	zyu	zyo
だ	D d	da	zi	zu	de	do	zya	zyu	zyo
ば	B b	ba	bi	bu	be	bo	bya	byu	byo
ぱ	P p	pa	pi	pu	pe	po	pya	pyu	pyo

図2　ローマ字表の例（訓令式）

5 … 子どものつまずき②：自分の名前のイニシャルはどっち？

　自分の名前をイニシャルで書かせる場合も混乱が生じます。日本でもようやく「姓→名」の順の表記になりました[1]が、その順序で表記しても「藤本一郎」君のイニシャルは F.I. か H.I. か、「千原桜」さんは C.S. か T.S. か悩む子どもたちはかなりいます。名前を使って活動する際は、最初の文字が訓令式とヘボン式で変わる "si → shi" "ti → chi" "tu → tsu" "hu → fu" "zi → ji" に該当する子どもたちに対しては、3 年生の段階で説明しておく必要があります。それに関連して sya → sha、zya → ja にも触れておくといいでしょう。

6 … 子どものつまずき③：単語をローマ字で書いてしまう

　小学校では英単語を書き写す活動がありますが、音声で覚えた単語を書きたいという気持ちは多くの子どもたちが持っています。その際、ローマ字のように母音を子音の後に追加して書く様子も見られます。それは決して間違ったことではなく、音声の文字化を既習の知識（ローマ字）を用いて試みているのですから、なかなかセンスがあるなと筆者なら思います。教員にフォニックスの知識があれば、「上手に書けているね。確かにローマ字では "fokkusu" だけど、英語では "fox" と書くよ…」のように、正しい知識を導入する良い機会です。子どもたちが文字に関心を持った時こそが抵抗なく指導する絶好の機会なのです。

　中学生でも「英単語をローマ字で書く」誤りが多く見られるのは、「覚えていない」のが原因とよく言われますが、すべての単語のスペルを機械的に暗記することは相当な負担です。意味と音声が蓄積されていても、文字にする際に英語の文字と音の対応規則を知らなければ、勘に頼ったり、ローマ字になってしまいます。もし、文字と音の対応方法を学んでいる生徒が綴りをローマ字のように書き間違えている場合、ディスレクシアと同様に、音韻処理や聴覚的な記憶の弱さなどが考えられます。

1　政府は、2020 年 1 月 1 日から、公文書などで日本人の名前をローマ字で書く際、「姓→名」の順とすることを決めました。姓を明確に区別させる場合は、姓をすべて大文字で表記します。世界の多くの国では、母国語での並びをそのまま採用しています。

コラム2 おすすめのローマ字指導教材～ローマ字練習帳

　小学校3年生では、国語科のローマ字と外国語活動の英文字であるアルファベットの2つの学習が行われています。『ローマ字練習帳』(正進社発行)は、日本語を母音と子音に分けて書き表すローマ字の学びを通して、日本語の文字と音の仕組みを自然に意識できるような構成になっています。ローマ字と英文字の学びがうまくつながるような学習の進め方になっている新しいタイプの練習帳です。ひたすら文字を書いて練習する教材ではないため、子どもたちが飽きずに学習できます。

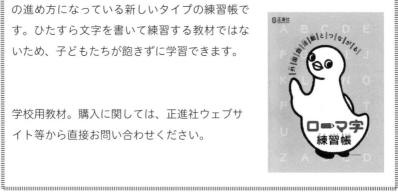

学校用教材。購入に関しては、正進社ウェブサイト等から直接お問い合わせください。

第3章

アルファベットの文字指導

　「26文字しかないので簡単」と思っていたら、意外と難しいのがアルファベット文字の習得です。日本語にはない文字の名前と音、大文字と小文字の関係、4線の使い方など、学ぶことがたくさんあります。特に、小文字には左右や上下をひっくり返すと同じ文字になってしまう文字（b/d、u/n）や、似ている文字（f/t）があるため、英語圏でも初期学習時には文字の混乱が生じやすいことが知られています。「アルファベットの歌（ABCの歌）」は歌えるけれど文字と結びついていない、大文字は読めて書けるのに小文字が書けない、という子どもたちが多くいます。また、文字の名前は知っているけれど、音を教えてもらっていないために中学生でも単語が読めない生徒も多いのが現状です。中学校では音と文字の対応指導をすることとなっていますが、フォニックスの規則を知識として学んでも、その音を1つずつ丁寧に身につける十分な指導はなされていないのかもしれません。そのため、本書では比較的つまずきが生じやすい「文字の形」、「文字の音と形の対応」、「4線の指導」に関する活動を紹介します。

1 … 小文字の形を覚えよう

　文字学習には得意・不得意があります。文字の形を覚えることが苦手な子どもでもすべての文字が苦手なのではなく、26文字のうちいくつかがどうしても覚えられないことが多いようです。単純な暗記作業はつらいものです。楽しく身につけられるよう工夫しましょう。

活動例① 同じ形の文字探し
目的　文字形の特徴をつかむ（視覚）

手順	似た文字のそれぞれの違いや形に着目させ、正しい文字形を素早く選ぶことができる。

活動1　カルタ

先生　（b-d、p-q の文字カードを並べる、あるいは黒板に書く）
　　　とってもよく似ているね。違うところはどこかな。

生徒　（自由に発言する）

先生　（グループになり、机の上にアルファベットの文字カードを表向きにしてバラバラに置くように指示する）今から、先生が見せるのと同じ文字を取ってください。
　　　（カードを見せながら）"d"…次は"p"…

活動2　同じ文字探し

右図教材のように、予めページの左枠と右枠に文字を書いておく。"Ready? Start!"のかけ声で、左右の枠の中から同じ文字を選んでいき、全部チェックできれば完成。終了タイムを記録しておくと、何度も繰り返すうちに文字を素早く認識できるようになり、達成感も得られる。

参照：北出勝也・村上加代子『アルファベット学習でつまずかせない！ 魔法のワークシート 16』東京書籍.

指導ポイント　この活動は「形を区別する」「素早く認識する」というスキルに集中させることができる。この活動ができるようになると「文字の音や名前と対応させる」段階に進む。特に文字の識別があやふやな3年生の段階でも簡単にできる活動。どのレベルの生徒でもタイムを記録しておくことで他人と比較することなく、自分の記録を縮めることに集中する。生徒に問題プリントを作らせたり、単語バージョンにしてみるなどいろいろなバリエーションを作ることができる。

活動例② 粘土で文字を作る

目的 文字形の特徴をつかむ (視覚・触覚・運動感覚)
手順 粘土を使って文字を作る

活動

先生 (こぶし大の粘土を配る。細く長い棒を作り、縦に置く)
　　　何の文字かな？

生徒 Ⅰ！

先生 これを曲げると (ｖ の字に折り曲げて)、さあ、何になったでしょうか？

生徒 Ｖ!?

先生 みんなも文字を作ってみよう。アルファベットを全部作れるかな。

参照：村上加代子編・著 (2019)『目指せ！ 英語のユニバーサルデザイン授業』学研プラス.

指導ポイント　アルファベットの小文字は上下左右やわずかな長さの違いを区別しなくてはならないため、その特徴を平面で「見る」「書く」だけよりも、触覚や運動感覚を用いて立体的に文字形を表現する方が認識しやすい。粘土を使うと工作の過程で文字がどんどん変わる楽しさがある。

活動例③ 背中に書いた文字を当てる

目的 文字形の特徴つかむ (触覚、運動感覚)
手順 ペアで 1 人が相手に背中を向けて座る。活動前に選択肢の文字を全員でしっかり読んでから、背中側に立った生徒が文字を書き、相手が当てる。

活動

先生　ペアで座りましょう。

生徒　（ペアになり、1人が図のように背中を向けて座る）

先生　（黒板の文字を指して）書く順番の人はこの文字の中から1つ選び、ゆっくり、大きく書いてください。正解だったら交代します。

指導ポイント　文字の形を思い出しにくい生徒でも、触覚や運動感覚を用いると思い出しやすい。いつもとは違う刺激を使うため、どの子も集中する。触られることが苦手な生徒がいる場合は無理強いせず、「背中じゃなかったら、どこに書いたらいい？」と触っても大丈夫なゾーン（手の甲、腕、肩など）を確認したり、触れられるのが全く苦手ということなら、空書きするのを見て当てさせるのでもいい。

活動例④　ｂとｄを指で作ろう

目的　誤りやすい文字の確認の手掛かりを得る（視覚、運動感覚）

手順　特に形の混同が生じやすいｂとｄの違いについて、まず手を使って表現する。次に文字とその音を一緒に言い、最後に手で確認しながら、文字を読む。

活動

先生　（ｂとｄのカードを並べ）ｂとｄは、よく似ているね。今日は手で文字を作ってみましょう。"ｂ"は、このように左の手で親指と人差し指をくっつけて、ｂ、ｂ。

生徒　（手で文字を作って発音する）

先生　"ｄ"は、右手の親指と人差し指をくっつけます。ｄ、ｄ。できましたね。では、今から言う順番で覚えて言えるかな？ｂ、ｂ、ｄ、ｄ。（動作と一緒に言う）

生徒　ｂ、ｂ、ｄ、ｄ。

先生　Very good ！　では次はどうでしょうか。d、b、b、d。
　　　（動作と一緒に言う）
　　　（黒板に 6 〜 8 個、dとbを順不同に
　　　書く）さあ、指で確認しながら、ゆっ
　　　くり一緒に読んでみましょう。b か
　　　な、d かな。（全員でゆっくり一緒に
　　　動作をしながら読む）

指導ポイント　右と左を判別することが苦手な生徒にとって、特に使用頻度
の高い b と d の文字は混同しやすい。生徒が文字を見たときに、指で確認す
る方法を知ることで、読み間違いやスペルミスを減らす効果がある。最後に
「読む」活動では、o や p を習っていれば、それも加えるとよりチャレンジ
ングになる。「しっかり文字を見て区別する」習慣を身につけさせよう。

2 … アルファベットの書字指導：本来の目的を考える

　正確に「書く」ことの指導については、パソコンが普及している現在、
手書き文字の役割も変化しているという現実を考えるべきです。文字を書
くのは誰のためでしょうか。まずは自分のため、そして自分以外の誰かの
ためです。自分のためであれば自分だけが読むメモ帳や日記、他人に読ん
でもらうものには手紙や文書（メモ）が多いのではないでしょうか。とい
うことは、文字も対象者や目的にあわせて自分が読めればいい文字と、他
人が見て読めなければならない文字に区別することができます。何年も前
から、社会人になるとパソコン入力が主となり、手書き文字で公的な文書
を書くことはまずありません。そう考えれば、書字指導では「いかなると
きも同じくらい美しく正しい文字を書く」ことを目標とするのではなく、
実用的な「自分が読んでわかる文字」が書ければ十分ではないかと考えら
れます。文字の形状や筆順の正しさ、美しい字を書くことに必要以上にこ
だわることはありません。
　参考までに、ニュージーランド教育省（2008）の教員向け指導書[1] か

1　Ministry of Education (2008) Teaching Handwriting. http://www.uobabylon.edu.
iq/eprints/publication_12_8303_47.pdf

ら、アルファベット書字指導についての解説を紹介します。

The Aim of Teaching Handwriting
In primary schools, the aim of teaching handwriting is to teach each child to write legibly, fluently, without strain, and with sufficient speed for all practical purposes.
書字指導の目的
小学校における書字指導の目的は、あらゆる実用的な目的のために、すべての子どもがすらすらと、力を入れすぎず、読みやすい文字で書けるようになるよう指導することです。（筆者訳）

　この「実用的な目的」というのは、メモ書きと手紙の書き方が違うように、目的によって文字を時と場合に応じて変えてもいいという含みがあります。また、「手書き文字には個性があることを否定しない」とも別の部分で述べられています。なぜこういう但し書きがわざわざあるのでしょうか。書字指導の目的は「見本の文字を正確に書き写すことではない」ということを、指導者が理解していなければなりません。書字指導では「形の正しさ、美しさ」を求めてしまいがちですが、「何のために」という目的が先にあるはずです。子どもたちが将来手書き文字を使う場面や、書字を学ぶ目的を今一度考えてください。「トメ・ハネ・ハライ」や、筆順指導までしている漢字での書字指導のようなことは、アルファベットでは必要ありません。もっと言うと、漢字の筆順は毛筆で書くためのものです。アルファベットには唯一の正しい筆順というものはありません。手書きの役割も時代と共に変化していることに加え、文字はその人の個性を表すという側面も忘れてはなりません。

　ただし、形がバラバラになってしまい、自分の書いた文字すら読めないという子どもたちもいます。目と手の協応（目と運動機能の連携）がうまくいっているのか、視空間認知の弱さを抱えている可能性などを明らかにするためにも、「心配だな」と思った早期の段階で専門家につなぐことが重要です。作業療法士やビジョントレーニングなどの専門家に相談し、適切なトレーニングをすることで改善する例は数多くあります。

「ひらがなの"あ"や"お"の特徴は何でしょうか」と聞かれて、「字を書くときには時計回りで書く」と答える人はいないでしょう。それでは、"c"や"d"を書いてみてください。日本語にはない運筆、反時計回りで書くことにお気づきでしょうか。ひらがなは時計回りに書く（左から右へ）動きが多いのですが、アルファベット小文字は反時計回りの動きが多くなります。こうした小さな違いも、慣れないことに挑戦する子どもの目線に立つと「やりにくさ」を感じている子どもに気づくかもしれません。

3 … 使用するフォントに配慮しよう

　文字はフォント（書体データ）によって読みやすさが大きく変わります。それだけでなく、初学者の場合はフォントをお手本に写し書きをするため、実際の手書き文字とかけ離れた文字形であれば、誤りが定着してしまうことも多くなります。たとえば、"g"と"g"は、フォントに

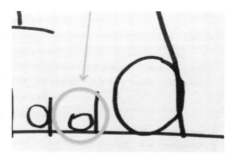

図1　Bさんの書いた文字

よってその形が変わる文字の代表です。ある調査によるとアメリカ人の半数以上がどう読むかを判別できない"g"を、授業で「写し書き」することなどありえません。

　図1は小学6年生Bさんが書いた"d"です。Bさんは空間の位置関係をとらえる力が弱く、文字のバランスが取れません。「丸と棒」と書くように指導を受けたため、Bさんはまず丸を書き、その横に棒を書きます。すると、図のようにパーツが離れてしまいます。文字導入期の指導で、文字のフォントについて注意すべきいくつかのポイントを押さえておきましょう。

　図2を見てください。例1は丸い円の部分が同じ形状（a、d、pなど）をしています。例2は美しい字体で、昔から教科書などに使われていたフォント。例3は"We Can!"で用いられていました。例4はSassoon Primaryというフォントで、英語圏ではよく用いられています。

例 1	My grandfather picked it up.

例 2	My grandfather picked it up.

例 3	My grandfather picked it up.

例 4	My grandfather picked it up.

図2　様々なフォント

　それぞれの文字列をよく見て、視覚的混乱が起きにくいフォントか、書字がしやすいかの点から比べてください。文字が左右上下反転しにくく、書きやすい文字はどれでしょうか。特に注意して見てほしいのはそれぞれのフォントの特徴がよく表れる "g"、"a"、"f"、"p"、"d" です。例2のように文字に飾りがついているフォントは、実際の手書き文字とも異なる形状をしています。実際には、"a" や "g" はこのように書くことはほとんどありません。書字の際には「見ている文字と書き文字が違う」ことになり、書字練習の見本にはなりません。

　例4の "d" と "p" を比較すると、"d" には後ろにヒゲのようなものがついているのがわかります。ところが "p" にはありません。また、見誤りやすい "f" と "t" を比べると、"f" は文字が下の方まで伸びており、"t" とは長さが異なっています。少しの違いに見えますが、視覚的にもすっきりとして書きやすくなっています。

　「アルファベットの読み書き指導」で触れましたが、b-d、f-t はアルファベットの初期学習時には混乱が生じます。例4のフォントはそのことに配慮しています。日本の出版社にも是非学んでほしいものです。そこで先生方に留意していただきたいことがあります。学校で採用されている教材はどんなフォントを使っているのでしょうか。宿題で出す教材やプリントのフォントと、教科書で使うフォントが異なっている（それも書き写し練習では）のは混乱の元です。このような配慮が当たり前になってほしいと思います[2]。

2　アルファベットの文字指導については、手島良著 (2018)『これからの英語の文字指導』(研究社) に多くの示唆に富む例が紹介されている。

4 … 大文字と小文字のカップリングでのつまずき

　大文字と小文字のペアは A-a、B-b というように覚えていくのが効果的です。ABCDEF…、abcdef…というような機械的な暗記ではなく、文字形を分類させる活動の方が子どもたちが主体的に取り組めます。

　① 　大文字と小文字で形が同じで大きさが違うものはどれ？
　　　（C-c, K-k, S-s など）
　② 　大文字の一部が小文字になっているものはどれ？（B-b, J-j）
　③ 　全く違うものはどれ？（A-a, D-d など）

　このように、文字の違いを子どもたちに考えさせると自らその特徴を見つけようとします。それが記憶につながります。

5 … 4 線指導は段階的に進めよう

図3　4線

　アルファベットは、文字の高さの位置関係が重要な文字です。そのため、図3のように4つの線（4線）が予め引かれたノート・用紙で練習するのが一般的です。4線は、上から第1線、第2線、第3線（基線；ベースライン）、第4線からなります。

　アルファベットの形は書けるのに、4線を使うと線上での正しい位置に書けない子どもたちがいます。そもそも4線は文字の高さや位置をとらえるための補助線です。4線が使えることがゴールではありません。「大文字と小文字は同じ高さに書かない」ことや、「上がる文字、下がる文字」といった特徴を意識させるために使いましょう。

　アルファベットを書くことに苦労している子どもには、初学者であればある程、書字練習のノートは4線にこだわらなくてもいいでしょう。文字の形にまだ慣れていないうちから4線を用いると、複数の情報処理をしなくてはならなくなり、誤りが増えます。アルファベット書字では、ベースラインが基準となります。英語ノートの多くはベースラインは赤字や太線ですね。ベースラインと文字との位置関係がつかめれば、4線を使うようになっても間違えません。初期の練習では、国語のマスつきノートも選択

肢の１つとして検討してください。英
語圏では、アルファベットの書字練習用
ノートは初心者用（マス目があるもの）、
２線のみ、線が太いものなど、習熟度に
合わせて数種類使い分けているところも
あるようです。子どもを急かせることな
く、クラスの全員ができることを確認し
ながら段階的に進めていきましょう。

図4　dの書き方

　アルファベット文字の書字練習では、図4のように、文字は１本の線
（ベースライン）の上に書くことから始めると、失敗や間違いがありませ
ん。視覚的な情報を減らし、書くときの動きに集中させましょう。文字の
形がベースライン上にスムーズに書けるようになれば、２本線に挑戦しま
しょう。２線の練習では、大文字と小文字は別々に練習します。

　大文字は上のラインとベースラインにすべてタッチするので、「上と下
にタッチだよ」という声かけをするだけです。その際、ＢやＦなどの横
線をどこに引くのかということは、４線を使うようになってからでも遅く
ありません。大文字では、高さを揃えて書くことが大切です。アルファ
ベットには決められた唯一の筆順はありません。大文字の場合、左利きの
子どもには筆順を変えた方が書きやすくなるため、後述の「左利きの子ど
もへの書字指導」を参考にしてください。

　小文字は２線の間に収まる文字（a, c, e など）、線の上に伸びる文字（b,
d, f, h など）、線より下に降りる文字（g, j, p など）と、線と文字形との関
係を意識させるようにすると練習しやすくなります。アルファベット順で
はなく、グループごとに分けるなどの工夫をしている教材もよくありま
す。また、４線のスペースを「地下、地上、２階」と呼び、「f は２階から
下りてきます」のようにイメージと結びつけるものや、地下を ground、
基線から上を grass（草）、２階を sky として、「ant の a はどこに書く？
grass の中を歩いている」のようにイメージ化しているものもあります。
子どもたちにとって使いやすく、書きやすいものを選びましょう。

　書字練習では、線の長さや高さがきちんと揃っていなくても細か
く言わず、２線の間に文字をスムーズに書けることを目標にしましょ

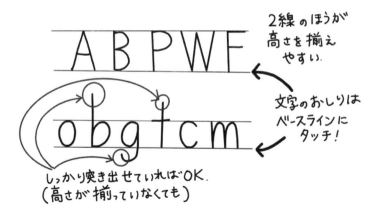

2線のほうが高さを揃えやすい。

文字のおしりはベースラインにタッチ！

しっかり突き出せていればOK.
（高さが揃っていなくても）

図5　2線での指導例

う。教材には「始点」を示しているものもあります。始点がわかると、「どこから文字をスタートさせるか」の手掛かりとなり、その後の動きにつながりやすいため子どもたちにとっては利便性が高いと言えます。たとえば、bとdの形はよく似ていますが、始点が異なります。書写練習ではまずお手本をなぞり書きで書き、それができたらお手本を見て、文字の名前（または音）を言いながら書くようにすると文字と音の対応が進みます。

活動例⑤　手のひらで4線の位置感覚をつかむ

目的	手のひらを用いて上に伸びる文字や、下がる文字の感覚をつかむ（触覚、運動感覚）
手順	2線とベースラインの間に収まる文字、2線よりも上に伸びる文字、ベースラインより下がる文字の3グループに分け、手のひらを4線に見立てて練習する

活動	
先生	最初に、みんなの手に線を引いてみましょう。大文字で、いつも文字のお尻がついている線（ベースライン）が手首の線です（と言いながら、手に線を引く真似をする。感じさせることが大切）。次に、4線ノートで赤い線（ノートによっては太線など）は、指の付け根です。

しっかり線を引きましょう（と言いながら付け根に線を引く動作をする）。では、("a" のカードを見せて）この文字を手のひらに書きますよ。上に飛び出ないよう、真ん中に書きましたか。ではこの文字はどうなるでしょうか、("b" のカードを見せて）一緒に書いてみましょう。指の一番先から手首ますとーんと下がって、もう一度指の付け根までその線を上がって、右にくるりと円を描きましょう。（他の文字も同様に、書き方を言葉で説明しながら行う）

指導ポイント　先生は黒板に図のような絵を描く。指の付け根が第2線、手首が第3線と見立てて線を引く。小文字を3つのグループに分け、まずは上下に伸びる文字を意識させ、次に目を閉じて書かせたり、ペアが書いた文字を目を閉じた状態で推測させるなど、触覚や動きを感じられるようにすると楽しめる。

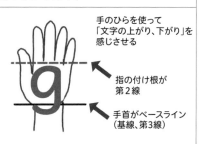

手のひらを使って「文字の上がり、下がり」を感じさせる

指の付け根が第2線

手首がベースライン（基線、第3線）

① 　指の付け根から手首グループ：a, c, e, i, m, n, o, r, s, u, v, w, x, z
② 　付け根より上がるグループ：b, d, f, h, k, l, t
③ 　手首より下がるグループ：g, j, p, q, y

6 … 左利きの子どもへの書字指導

　左利きの子どもは2つの大きな問題を抱えています。アルファベット文字を書く場合の動作性と、自分の手で文字が見えなくなってしまうことです。

筆順

　左利きの子どもがアルファベット書字練習を難しく感じるのは、「左から右方向に押す」動きにあります。左利きの人は鉛筆（ペン）を引くよりも押さなくてはならなくなることで、筆先が紙に引っかかりやすく、そのことが書き手のストレスになります。大文字を書くときはまっすぐな棒を自

分の手前から右に向かって押す動きが増えるため、より書きやすくするため、「引く」動きに変えるよう指示している教材もあります[3]。一般のウェブサイトでも、"left-handed handwriting" や "left-handed learner" などの用語で検索すると参考になる資料がたくさんあります。大切なことは、書き手がストレスなく書けることです。先生が、「こういう書き方があるよ。これでもいいよ」と示すだけでも、十分支援になります。

図 6　左利きの子どもの書字練習帳
（細字が子どもの文字、太字は指導の赤字。徐々に形が崩れていくことがわかる）

図 7　左利きの子どもにも使いやすい筆順の例

ノートの角度

　左利きの子どもが書字練習をする際に一番困るのは、自分の書いている文字が自分の手によって隠れてしまうことでしょう。そのことを擬似体験するなら、利き手（右手）で紙の右端から左端に向かって鏡文字（逆文字）を書いてみると、どんな感じかわかります。左利きの子どもに対しては、ノートの置き方もポイントになります。ノートをまっすぐにすると、手首

3　Victoria State Government Education and Training (2018) Handwriting fonts.
https://www.education.vic.gov.au/school/teachers/teachingresources/discipline/
english/Pages/handwriting.aspx

が曲がってしまい書きにくくなります。そこで、図8のようにノートや紙の角度を右側（30 ～ 35°）に傾けることで、手首も曲がらず、自分の手で文字が隠れることを防ぐことができます。3 年生のときにローマ字を練習する際に、こうした方法をぜひ紹介してください。世の中のほとんどの教材は右利き用に作られているため、悪戦苦闘している子どもたちがたくさんいます。最近では左利き用の鉛筆やペン、ワークシートも市販されています。書きづらさを少しでも緩和できるよう積極的にいろんな選択肢を与えてください。

正確できれいな文字を書くために

大阪府枚方市で長年英語教育指導助手をされていた行岡七重先生（現島根県松江市小学校外国語活動指導協力員）は、次のように述べています。

> 「鉛筆と消しゴムで書いて消してを繰り返すのがストレスになる子どもには、クリアファイルに 4 線のワークシートをはさみ、ホワイトボード用のペンでファイルの上から書けば、気楽に何度でも書ける」（中日新聞　2019 年 3 月 10 日　朝刊「指導法工夫し、子どものつまずき回避、アルファベットの書き取り」）

各学校の指導員の方々は、いろいろな子どもたちのつまずきに対処した経験を持っています。研修会などに積極的に参加して情報を集め、参考にしてください。

図 8　左利きの子どもの用紙の置き方例
（手首が曲がってしまわないように注意する）

第4章

アルファベットの音指導

　文字の名前と形を学んできた小学校高学年であれば、A は [ei] という文字の形と名前にしっかり馴染んでいるでしょう。それでは、単語を読むための文字の形と音を学ぶ段階はどのように進めればいいのでしょうか。これについては、第 2 部で後述するようなレディネスを踏まえた段階性（p. 142）が重要だと考えています。教科書によってはアルファベットジングルのように、絵カードの単語の語頭音（例：cat の [k]）をリズムよく耳で聞く活動が紹介されています。その活動を通して、「音素」と知らずに文字の音に慣れている子どもたちは多いかもしれません。ですが、ただ聞かせるだけでは日本語との違いに気づく・気づかないといったレベルで個人差が生じ、ひいては文字の習得に影響します。そこである程度明示的な指導をし、個人差を広げないことが重要になります。

　簡単な導入法を紹介しましょう。子どもたちがよく知っている絵カードを使い、初めの音に注意して聞くように指示します。「初めの音」は子どもたちにとっては日本語の耳でとらえた音になることが多いものです。たとえば、dog の初めの音は「ド！」と答えるでしょう。それは決して誤りではありません。先生の役割は、英語ではどう聞こえるのかを教えることです。「みんなには初めの音は「ド」って聞こえたんだね。もう一度 [dɔg] をゆっくり言うから聞いてね。（指を 3 本立てて、1 本ずつ指さしながら）[d]、[ɔ]、[g]。もう一度言うよ（1 音ごとに指さしながら）、[d]、[ɔ]、[g]。さあ、最初の音は何だったかな」のように、視覚的手掛かりも与えながら「初めの音」を全員がわかるように指導してください。

1 … 発音指導：口は楽器
　筆者はいつも発音指導の前に「口は楽器と同じだよ。その形にしたら、ちゃんと英語の音が出るからやってみよう」と声かけをしていました。英

語には日本語にない音がたくさんあり、特に [l] と [r] や母音の聞き分け
はとても難しいものです。「通じればいいだろう」「細かく指導すると、子
どもたちがくじける」などと思われるかもしれませんが、入門期に聞こえ
てくる音声と自分の発音を比較しながら自己調整を試みることはとても大
切です。「発音を直す」のが目的ではなく、聞く力を伸ばすために「自分
の作る音との違いを聞き分ける」ことを意図した指導だからこそ、「音を
作る」練習も行います。耳で聞くだけでなく口や舌の動き、息の使い方も
一緒に楽しく練習しましょう。たとえば、[p] と [b] の違いでは、子ども
の口の前にティッシュをたらして [pen]（pen）と発音するとティッシュが
揺れ、[ben]（ben）だと揺れないことを体験させながら練習すると、発見
のある楽しい活動になります。

　子どもたちにとっては、口や舌の動きや位置、息の使い方などを視覚的
に確認できれば、発音の仕方がよりわかりやすくなります。指導者の口が
クローズアップされている動画教材や、口腔内の舌の位置などが横から見
えるような図を見せるのもいいでしょう。もし学校に歯磨き指導用の大き
な口の模型があれば、片手に赤い靴下をはめて「舌」に見立てて、「[t] は
上の歯茎の後ろのこの辺りに舌を当てるよ」といった説明に用いると、食
い入るように見ます。しかし、どうやっても発音がうまく真似できない子
どもにはどうすればいいでしょうか。そのような子どもには苦手としてい
る音だけを取り上げ、マンツーマンで指導すると効果が上がります。ただ
し、あまり誤りを指摘しすぎることでやる気を失わせないようにすること
が大切です。

2 … 短母音 i, e, a, o, u

　母音の聞き分けは日本人にとっては難しく、ask の [æ] も uncle の [ʌ]
も pot の [ɔ] も同じ「あ」に聞こえます。「よく似た音」は、「よく似た文
字」の指導と同じように、多感覚を用いてその違いを体で身につけること
ができます。基本的には、音の作り方（動作感覚）をしっかりと指導し、
「聞き分ける」こともよりも、「それぞれの音の口が作れて、自分なりに違
う音が出せる」ことを意識させることです。活動例⑥では、『目指せ！ 英
語のユニバーサルデザイン授業』を使用したチェン敦子先生の短母音の指

導方法を紹介します。同書では手の動きも紹介されていますので参考にしてください。

活動例⑥　アルファベットの短母音の指導

目的　アルファベットの5つの短母音を区別して言えるようになる

手順　黒板に i、e、a、o、u の順に5つの短母音を書き、順番に発音と動作を説明しながら一緒に発音する

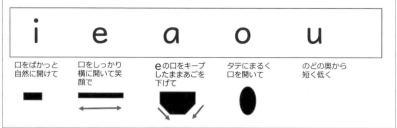

活動

先生　（i を指して）この文字の名前は何だったかな。

生徒　[ai]!

先生　Very good! 文字の名前は [ai] ですね。今から文字の音を練習します。まず聞いてくださいね。[i]、[i]。（繰り返す）どんな音だったかな。

全員　[i]、[i]。

先生　Very good.　そのとき、口の形はどうなっていたかな。先生の口をよく見てください。まず、口をしっかりと閉じます。次に、自然に力を抜いたらぱかっと開きますね。その形で [i] を言います。お腹から声を出してね。

生徒　（真似をしながら）[i]、[i]。

先生　では、口の形を手でもやってみましょう。最初は口が閉じていますね（手で口を閉じた状態を作る）。唇をぱかっと開けますよ。（手で口が開くジェスチャーをする）[i]、[i]。

生徒　（ジェスチャーを真似る）[i]、[i]。

指導のポイント

[e] の音：[e] で開けた口を横にぐっとしっかり引っ張り、にっこり笑顔

[a] の音：[e] の口の形をキープしたままあごを下げ、難しいようであれば最初からいきなり [a] を出さず、[e] → [a] の動作を連続すると、徐々に音が変わっていく様子がよくわかる

[o] の音：手で丸を作り、口の形もしっかりあごを下げて丸くし、喉の上の
　　　　方から声を出すよう指示すると、オとアの中間のような音が出る
[u] の音：口を閉じ、忘れ物を思い出したときに思わず「あっ」と言うよう
　　　　な喉の下の奥の方から声を出すように短く低い音を出す

発音指導参考：「英語の短母音を手の動きでマスター」『目指せ！ 英語のユニ
バーサルデザイン授業』村上加代子（編・著）学研プラス , (2019), p. 117.

3 … これまでのチェックポイント：到達度を確認しよう

　アルファベットの形、名前、音、4 線指導のポイントと指導例を紹介し
てきました。アルファベット習得の目安となるチェックリストで、子ども
たちの到達度やつまずきをこまめに確認する習慣をつけましょう。

アルファベットのチェックリスト

□　文字を（素早く）見分けることができる

□　文字の名前が（すらすらと）言える

□　他の音と聞き分けることができる

□　文字の音が正しく言える（他の音と言い分けられる）

□　文字の音を聞いて書くことができる

□　文字を 2 線の上に書くことができる

□　文字を 2 線を使って書くことができる

□　4 線を正しく使うことができる

コラム**3**	入門期の音声指導に定評のある教材

英語の入門期の音指導で定評のある教材を紹介します。

『はじめてのジョリーフォニックス　ティーチャーズブック』
『はじめてのジョリーフォニックス　ティーチャーズブック 2』
ジョリーラーニング社 (編著) 山下桂世子 (監訳) 東京書籍 (2017/2019)

　すべての文字にストーリー、歌、アクション (動作) があり、この日本語版にはスチューデント版も用意されています。まるで絵本のようにストーリーが作られており、日本人用に配慮もされています。英国では最も広く用いられているフォニックスの教材で、英国文化も垣間見ることができます。

『よめる かける ABC 英語れんしゅうちょう』[第 2 版]
小野村哲 (著) 特定非営利活動法人リヴォルヴ学校教育研究所 (2018)

　単語の初めの音と、文字の形の両方がイラストと一緒になっている教材です。「文字の音は思い出せるのに形が思い出せない」という子どもたちには、このようなイラスト文字はぴったりです。「アリは ant だね。では、a はアリのどの部分だったかな？ どんな形だった？」のように、音から形を思い出す工夫がされています。

　文字の形と音の対応を手助けしてくれる教材はたくさんあります。カードにして遊んだり、教室内の壁に貼っておくのもいいでしょう。大切なことは一度に全部覚えさせようとしない、繰り返し少しずつ復習しながら進めることです。なによりも子どもたちに合った教材を選ぶことが一番です。

音韻意識指導

　通常の会話では、単語のレベルよりも小さい音韻単位を意識することはありませんが、読み書きには文字に対応する音韻の意識や操作のスキルが不可欠です。英語圏では音韻意識指導の多くが音素意識指導に費やされているため、"音韻意識指導＝音素意識指導"ととらえる人も多いようです。それは、英語圏ではフォニックスを習得する前提として音素意識の獲得が必要不可欠であると考えられていることとも関係しているでしょう。

　音韻意識は音素だけではなくその言語に関わるすべての音を意味します。外国語として英語の音声を学ぶ日本人学習者にとっては母語の影響が大きいことから、英語の音韻そのものをゼロから育てるつもりで取り組まねばなりません（音韻意識と文字の読み書きの関連については第 2 部第 5 章を参照）。

1 … 音韻意識 3 つのステップ

　子どもたちの発達に合わせて音韻への気づきからその操作までを無理なく身につけられるように指導しましょう。本書で紹介する音韻意識活動は、「よく聞く」「気づく」「操る」の 3 つの段階を踏むようにしています[1]。

【よく聞く】　意識して音に集中する
【気　づ　く】　異なる音韻単位に気づく
【操　　　る】　音の異同がわかる、ブレンディング、セグメンティングなどの音韻操作ができる

1　村上加代子・チェン敦子（2017）「Introduction of phonological awareness to Japanese elementary school students(2)-The explicit instructions in syllable awareness and its achievement after a year」『神戸山手短期大学紀要』pp. 57-68.

第1段階の「よく聞く」は活動の基本であり、すべての音韻意識活動に必要な態度を意味しています。「生徒の聞く力が全体的に落ちていると感じる」という発言を中学校の先生からお聞きすることが多くなっています。それは発音や英語の音声だけでなく、先生の話に注意を向けるということも含め、「聞く」ことに注意が保てない、話が理解できない生徒が増えているということだと思います。近年はあらゆる情報が視覚化されており、「聞かなくてもわかる」情報が増えたことで、普段から聞くことの必要性を子どもたちがあまり感じなくなっているのかもしれません。そのことを念頭において、音韻意識指導では聞く姿勢から養っていきましょう。授業ではただ漫然と聞かせるのではなく、「何を聞くのか」という点を明示しましょう。「よく聞いてね」という声かけで始め、音のリズム、違いなどに注意を向かせます。

　第2段階は、音の違いや日本語にはない音韻単位に「気づく」段階です。このあたりから個人差が生じることに留意してください。生まれつき音声の聞き分けができたり、記憶力の高い子どもにとっては簡単なことなのですが、中には不安に感じる子どももいます。「間違えたっていいよ」、「大きい声で言おうね」などと声をかけ、集中力が途切れないようにします。指やマグネットなどで視覚的なヒントを示すのも効果的です。

　第3段階の「操る」では、ことば遊びやゲームを用いて音韻操作スキルの定着を図ります。指導をしていると、聞き分ける（同定）ことはできても、音韻をつないだり（ブレンディング）、小さく分けたりする（セグメンティング）操作が苦手な子どもたちは多いものです。音韻のブレンディング操作が苦手な子どもは文字をつないで読むのも苦手です。単語のスペリングが苦手だということは、そもそも単語を小さい音韻単位に分けることが苦手なのです。音韻意識活動は子どもたちの読み書きに直接影響します。この練習が大きな効果があることを信じて、ぜひ続けていただきたいと思っています。

2 ··· 音韻意識指導の注意点

（1）　極力文字を使わない

　音韻意識指導では、聞こえてくる音に注意を向けさせることが重要で

す。そのためには「極力文字を用いない」よう心がけてください。ローマ字を既に学んでいるので、アルファベットであればそれをローマ字で音声化しようとします。その子どもの頭の中にインプットされている音声と、聞かせたい音声にずれが生じた際（子どもにとっては未知の音声だった場合）、素直に新しい音声に切り替えることは簡単ではありません。文字がなければ、「しっかり聞いてね」というだけで、それほど混乱が生じないようです。手間がかかるかもしれませんが、音韻指導の効果を上げるために、絵カードを使う時も文字の部分は隠したり、文字の書いていないカードを使用すると効果的です。

（2）　多感覚を用いる

　「聞く」だけでなく、視覚的な刺激も使いましょう。「音のリズムはいくつあるかな」といった音を数える活動では、アクセント部分にマグネットを置いたり、頭や肩をタッチする動作に結びつけたりすることで、より明確に音の単位を意識させましょう。ライミングなどは歌や絵本を使って、楽しく、自然に、音のリズムに慣れ親しませましょう。

表1　本書で紹介している音韻意識アクティビティ

音韻単位	3つの段階	活動	活動例	操作スキル
語	操る	単語合体！ 海の生きもの	⑦	ブレンディング
音節	よく聞く／気づく	音節リズムの「気づき」導入活動	⑧	セグメンティング
	よく聞く／気づく	あごを使った音節リズムの確認	⑨	セグメンティング
	操る	音節リズム―神経衰弱	⑩	セグメンティング
	操る	お片づけゲーム	⑪	セグメンティング
ライミング	よく聞く／気づく	手たたきゲーム	⑫	同定
	気づく	グループ対抗ライムマッチング	⑬	同定
オンセット -ライム	気づく	オンセット - ライムクッキング	⑭	セグメンティング
	操る	What's this animal?	⑮	セグメンティング、置換
音素	よく聞く／気づく	同じかな？ 違うかな？	⑯	同定
	よく聞く／操る	どこにあるのかな？	⑰	セグメンティング
	よく聞く／操る	What's Changed? 音素聞き取りゲーム	⑱	セグメンティング、同定
	操る	音ボタンで単語を言おう	⑲	ブレンディング

(3) 短時間でもいいから繰り返す

「教え込もう」とするのではなく、「遊びの中で繰り返し体験させる」ことが大切です。音声は一瞬で消えてしまう情報です。繰り返し聞き、飽きずに楽しく続けることで身につきます。覚えの早い子どもも遅い子どもも、参加できる音韻意識遊び（アクティビティ）を前もって用意しておきましょう。「聞く」活動はとても集中力を必要とします。集中力が続かない子どもがいるクラスでは、授業の初め、真ん中、最後と、短時間であっても活動を組み込むよう配慮をしてください。

(4) 気づきの過程を支援する

音韻の操作や音素を習得していく子どもたちの様子を観察していて気づいたことがあります。それは、「学んでいる過程で"腑に落ちる"までの時間や、納得する道筋が子どもによって違う」ということです。何度も繰り返し、スピードを変え、視覚や動作などを使って体験させたりしていると、突然パッと明るい顔をする瞬間があります。それこそが"試行錯誤"の末に"腑に落ちた"瞬間です。音素1つであっても、文字の音が聞けるアプリを渡し、「"γ"の音はどんな音？」という指示を出すと、アプリに耳を寄せ、何度も繰り返して聞く様子が見られます。子どもによっては口を動かしながら音を真似ようとしています。その段階で、「自分の音と同じかな、違うかな」という質問を投げかけると、今度は聞こえてくる音だけでなく、自分の発音にも意識が向くようになります。もし両者が違うと本人が感じ取れれば、舌や口の動かし方などを試行錯誤し始めます。

「音を学ぶ」というのは教員が一方的にCDを聞かせて（回数も決めて）、「はい、言ってごらん」という指導では簡単に身につくものではありません。本人がその音に集中し、体を使って表現できるようになるまでの一連の体験が「音の学び」となるのです。

3 … 語（word）認識と操作練習

語感覚が育つと…

音の連なりから特定の語を認識することができる

語彙力の向上につながる

リスニング（理解）力の向上につながる

　外国語のような馴染みのない言語では、母語のように自然に文中から語を聞き分けたり、語を入れ替えて文を作るのは容易なことではありません。文が聞き取れるようになるためには、ある程度の音声語彙（聞いてわかる単語）の蓄積が必要です。リスニング指導をしていると、「知っている単語だけ聞こえた」と子どもたちはよく言います。もし、"coffee"という単語を聞いたことがあったとすれば、"Would you like coffee or tea?"と尋ねられたとき、意味がわからなくても"coffee"と言っていることはわかります。知らない語や馴染みのない語は音構造も認識しにくく、聞き取りにくいものです。だからこそ、小学校でもカタカナ発音ではなく、「英語らしい音声」で単語をたくさん蓄積しておくことが大切です。

　さらに言えば、いつもカタカナ発音で英語の文や単語を発音していれば、リスニングでは「知っているはずなのに、聞き取れない」、スピーキングでは「言っているつもりなのに、伝わらない」という状態になりかねません。英単語を日本語のようなカタカナ音声と結びつけて記憶してしまうことは、小学校では特に気をつけなければなりません。後で矯正をするのはとても困難です。言語習得の初期段階から英語らしい音声で単語やフレーズに触れることの重要さは、読み書きだけでなく、リスニングやスピーキングにも同じことが言えるでしょう。

活動例⑦　単語合体！―海の生き物

スキル	ブレンディング（混成）
目的	複合語を作り、単語をつないで新しい語ができる楽しさを感じることで語のブレンディング操作に親しむ
手順	黒板にクイズカード（例：星＋魚の絵が描いてあるもの）を貼り、絵カードを数枚用意してクイズ形式で回答する

活動

先生　（星の絵を指差ししながら）This is a star.（魚の絵を指差ししながら）This is a fish. 2つを合わせると何になるかなあ？star…fish…star…fish…star-fish.

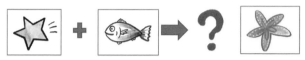

生徒　（合図で一斉に）Starfish!

先生　Well done!

（黒板に掲示している複数のカードを示しながら）Which one is "starfish?"

生徒　ヒトデ！　ヒトデ！

先生　A君。Why do you think so?（なぜそう思ったか理由を聞くと盛り上がる）

生徒　星みたいな形をしてるから。

先生　確かにそう見えるね！You are right.（カードを指さして）This looks like a star. 日本語では、「ヒトデ」だね。どうしてヒトデって名前なんだと思う？

生徒　（意見を言う）

—————

先生　では、次の問題です。This is the sun. This is a fish.（以下、最初の問題と同じように進める）

指導ポイント　単語のブレンディングでは、カードの音を1語ずつゆっくり聞かせながら2枚のカードを徐々に近づけて並べる。子どもたちは合図で一斉に単語を言う。ペアごとに発表したり、全員の意見を求めてもいい。

　また、グループの場合は写真のように机の上にカードを表向きにバラバラにして置き、カルタのように取れるようにする。想像力が必要なため、必ずしも"早い者勝ち"にはならない。活動時間15分程度を目安に。

●海の生き物の例：jelly-fish（ゼリー＋魚＝クラゲ）、sea-cucumber（海＋キュウリ＝ナマコ）、flying-fish（飛んでいる＋魚＝トビウオ）、sea-slug（海＋ナメクジ＝ウミウシ）、flat-fish（平らな＋魚＝ヒラメ・カレイ）、sea-anemone（海＋アネモネ＝イソギンチャク）

4 … 音節意識と操作練習：長い単語は視覚的補助を活用する

> 音節感覚が育つと…
> 　単語の中にいくつの音節が含まれているかがわかる
> 　音節をつないだり、分けたりして単語を作ることができる
> 　日本語のモーラとは異なるリズムで英語を聞く力を育てることで、リスニングやスピーキングも向上する

　小学校中学年以上になると、歌や絵本の読み聞かせ活動でも音節リズムの感覚を育てることが容易にできます。ところが、小学校の英語学習で用いられる英単語は決して簡単な単語ばかりではありません。2020年度から使用されている小学校の英語教科書には中学校レベルの単語が相当数含まれています。ワーキングメモリとの関連で言えば、語に含まれる音節数

が少ない語は覚えやすく、音節が多くなるほど覚えにくく、再生率も低くなります。たとえば、cat や mouse などの 1 音節の単語の音声情報であれば、記憶に残りやすく、繰り返して言うのも容易にできます。一方、January(4 音節)のような“長い単語”ではそうはいきません。子どもによっては単語に含まれる [r] の音を正確にとらえたり、いくつもの音を正しい順序で覚えておくことも難しくなるため、「じゃーなりー」や「じゃにゅりー」のようになりがちです。それを訂正することなく「そのうち気づいてできるようになるかも」、と放置していませんか。

　日本語の母語話者は日本語の音節感覚で英語を分節する傾向があります。さらに、音韻の気づきには個人差が大きく、そのまま誤りが固定すると、ワーキングメモリの負担が高くなり、単語の暗記だけでは限界が生じてしまいかねません。そのため、音節指導では単語を英語の音節単位に小さく分けることから始めましょう。「単語には、もっと小さい“かたまり”がある」ことに気づかせることが最初の一歩です。多音節の単語は、視覚的な補助を使うと「リズム」や「音節」のまとまりを理解しやすくなります。

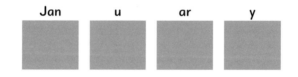

図 1　January を音節に分解

　January では 4 つのマグネットなどを使い、教員がお手本として 1 音節ずつゆっくりと発音します。その際、「じゃーにゅーあーりー」のように、音節の間がつながっていても構いません。さらに、リズムを取りながら聞かせると、子どもたちには様々な気づきが生まれます。「4 つのリズムでできているんだ」「[juː] っていう音があったんだ！」など、感じ方は様々ですが、「はっきり」聞こえることで細かな部分にも意識が向きます。

　そもそも、英語の音節を数える経験は日本人にはほとんどないため、最初はわけがわからなかったり、日本語の音節数で答えても当たり前です。既に身についている日本語の音節数を数えることから始め、英語ではど

う変わるかを手を叩いたり体を使って比較しながら導入する方法（活動例⑧）は効果的です。「日本語とは違う」感覚を、あごの動きなどで確認する方法（活動例⑨）なども併せて紹介しましょう。「（音節を）分けるのが楽しい」と感じるようになってくると、新しい単語もどんどん分けようとするようになります。その際も、「正しさ」よりも「リズムで分けようとする」態度を褒めてください。英語の歌を歌うとき、単語の音節に分けやすいことにも気づくでしょう。また、英語の音節数を検索できるウェブサイト[2]などもありますので活用してください。

活動例⑧　音節リズムの「気づき」への導入

スキル　セグメンティング（分解）
目的　日本語と英語の音のリズム（音節）の違いに気づく
手順　よく知られているキャラクター（ピーター）を使い、単語のリズムの数え方の違いを練習する

活動

先生　(ice cream の絵カードを見せながら) TARO 君はアイスクリームがすごく好きなんだって。アイスクリームはいくつのリズムでできているか、手を叩いてリズムを数えてみよう。

生徒　「あ・い・す・く・り・ー・む」(先生は生徒と一緒に7回手を叩きながら黒板に丸を7つ描く、またはカードを7枚貼って指さしながら言う)。

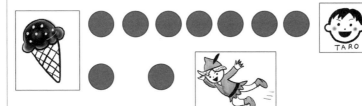

先生　あっ、ピーターが飛んできた！ なんて言っているかな。Ice cream.
　　　Ice-cream ...（少し ice と cream の間の [s] をゆっくり発音しながら）
　　　いくつのリズムかな？

2　How Many Syllables　https://www.howmanysyllables.com/words/butterfly 単語を入力すると音節数と、分節箇所を教えてくれるサイト。（2020/03/06 アクセス）

生徒	あ、ice…cream？
先生	That's right. Ice-cream, ice-cream.（体を左右に揺らしながら2つの リズムを強調し、黒板に丸を2つ描く）いくつのリズムかな？
生徒	two? 2つ？？
先生	Yes, two. Ice-cream.（丸を1つずつ指さしながら）
生徒	Ice-cream.
先生	（次にチョコレートの絵を貼って）TARO君はチョコレートも食べた いって言っているよ。いくつのリズムかな？
生徒	ちょ・こ・れ・ー・と！
先生	（アイスクリームと同様に、黒板に1つひとつの音を言いながら丸 を描いていく）そう、5つだね。TARO君も chocolate を食べたいん だって。英語だといくつのリズムになるかな？Cho-co-late. Cho-co- late. いくつのリズムかな？
生徒	ちょ・こ・・れーと？3？4？
先生	Cho-co-late.（1つずつ音節を言いながら、頭・肩・腰を図のように タッチしていく）

指導ポイント　日本語と英語のリズムの違いをはっきりと感じさせるため、 アイスクリームの発音はわざとわかりやすいように、体を動かしたり手を叩 いたりする。初回の指導ではバラバラな答えが返ってくるが、誤りをすべて 正すのではなく、聞くことに注意を向けるよう「もう一度よく聞いてね」と 促す。日本語になっているカタカナ語で「英語ではいくつのリズムかな？」 など紹介するのも楽しい。お手本を示しながら、一緒に体を使って楽しく音 節の数に合わせて頭（1）、肩（2）、腰（3）、膝（4）などをタッチする。たとえ ば、"internet"では in（頭）、ter（肩）、net（腰）、をタッチする。

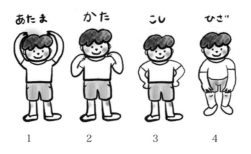

活動例⑨　あごを使った音節リズムの確認

スキル　セグメンティング（分解）

目的　英語の音節数を自分で確かめる方法を身につける

手順　あごの下に手をあてて単語を発音し、あごが下に何回動いたかを確認
しながら回数を数える

活動

先生　大きくゆっくり言ってみるよ。Ba-na-na.
　　　（母音ごとに音を長く伸ばす）

生徒　3回！！

先生　今度は mushroom. 一緒に言ってみよう。
　　　Mush-room, mush-room. How many
　　　times?

先生　2回！

指導ポイント　高学年になって大きな動作が恥ずかしいと感じる生徒には
この方法がおすすめ。「何回あごが動くかな？　ゆっくり言って下に伸びる
回数だよ」とあごを動かすことで音節の数を自分で確認できるが、日本語
の「イ」と「ウ」、英語では "ink" や "English" などの [i] の発音ではあごが
下がらない。不思議そうな顔をするが、教員が少々派手にお手本を見せ、
[mʌŋki]（monkey）でも [ki] は下がらないということを示す。「母音1つで
音節1つ」ということが感覚的にわかればいいため、リズムをつけて [ki] の
[i] の音を伸ばし、「伸ばせたら1つだよ」と念を押す。ヒントを出しながら
練習するうちに、徐々に視覚や動作の補助も卒業するようになっていく。

活動例⑩　音節リズム—神経衰弱

スキル　セグメンティング（分解）

目的　単語を音節に分けることができるようにする

手順　トランプの神経衰弱のように裏向けにしたカードをめくり、同じ音節
数のペアだったら自分の得点になるルール。1回ごとに次の人に順番
を譲る。事前に使用するカードを選んで、単語とリズムを復習してお
く。グループの机を合わせてカードを配布する。グループは机の上に

すべてのカードを裏向きにバラバラに置いてスタート。制限時間を決め、時間になったら"How many cards did you get?"のように、英語でカード枚数を確認すると数字の復習にもなる。

活動

先生　（数枚のカードを裏返しに黒板に貼っておき1枚めくる）
　　　This is "bear". How many rhythms? リズムはいくつかな。

生徒　One!

先生　Good!（もう1枚めくるとcarrotのカードが出る）How many rhythms? 一緒にやってみよう。car-rotで…2（リズム）だね。ああ、bearは1、carrotは2だから、合わなかった！ 残念。（と言って2枚のカードを裏返しにする）これはどうかな。（dolphinのカードが出る）What's this?

生徒　Dolphin!

先生　How many rhythms?

生徒　Two!

先生　Right. あれ、さっき、リズムが2つのカードがあったね。

生徒　Carrot! Carrot!

先生　（carrotカードをめくって）Car-rot, two. Dol-phin, two. 2枚とも、同じリズムの数だね！ やった！！ じゃあこれは先生のポイント。英語で何と言うかわからないカードがあったら手を上げて先生を呼んでくださいね。Ready? Let's start.

生徒　（カードをめくって）"heart"だから1！（もう1枚めくって）やった、"fish"は1だから同じ数だ！（自分のところに置く）

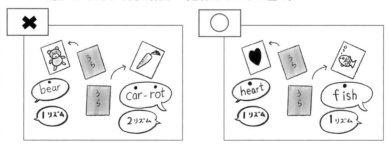

指導ポイント　文字なしカード、文字ありカードどちらでも遊べる。音節を丸（●）で示した文字なしカードを使ってもいい。文字を「読もう」とする生徒もいるので、文字の上か下に●を書くといい。ローマ字読みで読むとリズムの数が合わないため、文字だけのカードを使うことは避ける。ゲームでは「声に出して単語を言う」というルールを決め、マラカスを振りながら発音したり、体をタッチする動作をするなど、動作と一緒にすると盛り上がる。当てずっぽうでもかなり高い確率で当たるので、カードの枚数は多くても問題ない。カードの位置を覚えておく必要もそれほどないので、記憶に弱さのある生徒でも楽しく参加できる。

活動例⑪　お片づけゲーム—単語を音節に分ける

スキル　セグメンティング（分解）

目的　単語を音節に分けることができるようになる

手順　グループでカードの音節がいくつあるかを考え、音節ごとにすべてのカードを箱に入れられれば終了。用意するものは、既習の絵カード（グループごとに同じセットを約10枚、教員用にも1セット）、1〜4の数を書いた箱をグループの数。グループの机を合わせてカードを1つの山にして真ん中に置く。

活動

先生　カードを1枚ずつめくって、その単語の音節数の箱にカードを入れます。単語のリズムの数がいくつになるか、みんなで相談してもいいですよ。制限時間3分。Ready? Go!

生徒　（グループで相談しながら箱にカードを入れる）

先生　Now, let's count the syllables.（カードを1枚ずつ見せながら）
　　　How many rhythms?

生徒　Carrot だ。2だよね、two!

先生　That's right. Car-rot! Two.

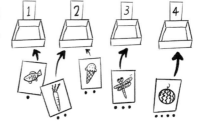

5 … ライミング (rhyming) 指導

　日本の子どもは3～4才になると、「しりとり」などを通して言葉を覚えていきます。「ことば遊び」と言えば国語の教科書で谷川俊太郎『ことばあそびうた』(福音館書店, 1973) に収録された「かっぱ」を暗唱した人は多いと思います。英語でも同じように、英語圏の子どもがすることば遊び、ライミング (rhyming) を取り入れると楽しく慣れ親しむことができます。ライミングとは押韻、脚韻のことです。詩などの各行の終わりに同音を繰り返すことで一定のリズムが生まれ、聞いていて言葉の美しさや響きの心地良さにつながります。英語圏の伝承童謡マザーグースにもよく使われています。日本でもよく歌われている "Twinkle Twinkle Little Star" では、

　　Twinkle twinkle little <u>star</u>
　　How I wonder what you <u>are</u>
　　Up above the world so <u>high</u>
　　Like a diamond in the <u>sky</u>

のように、star と are、high と sky が韻を踏んでいます。

　文全体の流れるような韻律や文の終わりの脚韻などに子どもの頃から触れていれば、英語のイントネーションが身につくだけでなく、リスニングやスピーキングにも役に立ちます。そうはいっても日常生活で英語の音声に触れていない日本の子どもたちには、英語のライミングを自然に気づくことは難しいかもしれません。英語を学ぶ上ではとても大切なことなので、ある程度明示的に「どこを聞くか」を示しながら指導をしていきま

しょう。

活動例⑫　手たたきゲーム—ライミングに気づこう

スキル　同定
目的　ライミングに気づき、ライム部分を聞き分ける
手順　ライミング辞典などから選んだ同じ韻を踏む単語をいくつか選び、全く違うライムの単語を発音する。「どこが違うか」を気づかせる

活動

先生　単語を順番に発音していくよ。途中で仲　　
　　　間はずれの単語が出てくるからね。わか
　　　るかな？　よく聞いてね。Been, green,
　　　seen, queen, kick. あれっ？　何か違わな
　　　かった？　もう1度言うよ。(ゆっくり、
　　　[iːn] を強調)、同じだった？
生徒　違う！　違う！
先生　そう、[iːn] のところが違ったね。じゃあ、今度は、仲間はずれの単語
　　　が出てきたら手を叩くよ！　よく聞いてね。Neck, check, deck, peck,
　　　speck, nest.
生徒　(手を叩く)
先生　Good job! 最後の単語が n-est で、仲間はずれだったね。

指導ポイント　ライムは母音の後ろの部分を表すが、「終わりの方」という
ような言い方だとどこかわからず、一番最後の子音 (dog の [g]) だけを聞い
ていることが多い。ライムの位置に気づかせるには、言葉で説明をするより
も同じライムを繰り返し聞かせ、急に違うライムの語を交ぜると気づきや
すくなる。「どこが違った？」と問いかけ、ライム部分だけを繰り返すこと
で、感覚的に「母音から後ろを聞けばいい」という感覚をつかめる。生徒が
韻を踏む感覚がわかった頃に、仲間はずれの単語が出てきたら素早く消しゴ
ムなどを取るペアゲームなどをすると集中力が高まる。

参考：Saunders, K., Canty, C., & McQuillan, M. (2014) *Oxford first
rhyming dictionary*. Oxford University Press.

活動例⑬　グループ対抗ライムマッチング

スキル　同定

目的　同じライムの単語に気づく

手順　２つのグループ対抗でマッチングゲーム。グループ代表２名が交互に１枚ずつカードを引き、ライムのカードが出たらチームの得点になる。ライムするかどうかを考えながら進める。用意するものは、A4 サイズの色の絵カードと、それにライムするペアカード (red-bed, blue-glue, black-snack, green-queen, pink-ink)。絵カードは何でもいい。カードは表と裏にマグネットシートを貼っておく。絵カードを黒板に貼り発音を確認し、黒板の左側に裏を向けて貼る。ライムするカード５枚を見せ、発音し、黒板の右側に裏にして貼る。

活動

先生　Please choose one card from the left side.
　　　（生徒の１人が左側にある色カードを１枚選ぶ）What's this?

生徒　Blue.

先生　OK, next. Choose one card from the right side.（別の生徒が右側にある色カードを１枚選ぶ）What's this?

生徒　Queen.

先生　（カードを指さして）Blue, queen. blue, queen. 仲間かな？

生徒　違う、違う。

先生　残念！Next group, please.（次のグループが２人、前に出る）

（図左から：glue, queen, snack, bed, ink）

指導ポイント　これまでのライム活動で、しっかりと「ライム」の位置を聞き分けることができているかどうかがこの活動の成功の鍵。ただ、語彙力は個人差が大きいので、神経衰弱のようなゲームは配慮が必要。

（参考資料として絵カードを pp. 172–173 に収録）

6 … オンセット - ライム意識と操作練習

> オンセット - ライム感覚が育つと…
>   子音と母音を分ける（切り離す）ことができる
>   音素を単独として認識できる
>   オンセットとライムをつないで語にできる

　ここまでの音節指導やライミングの体験から、子どもたちは「単語の中にはリズムがある」ことや、「単語の終わりの方（ライム部分）を聞く」感覚をつかんでいます。ライミング活動をすることで、なんとなくライムがわかるようになってきたら、単語の前の部分に注意を向ける準備をします。

　音節には必ず母音が1つあり、母音の前の子音部分をオンセット（onset）、母音から後ろのまとまり（母音＋子音）をライム（rime）と言います。"fish"で説明すると、"f"がオンセット、"ish"がライムです。"stop"では、"st"がオンセット、"op"がライムです。

　音韻意識の発達にはオンセットとライムを分解するスキルが必須と言われています（Adams, 1990）。特に、英語圏ではスペリングの際に語頭音（単語の最初の音）や真ん中の子音よりも、連続子音や語尾音（単語の一番最後の子音）の誤りが多いという報告（Treiman, 1985）[3] もありますが、

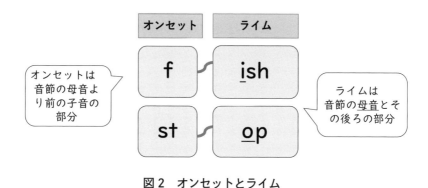

図2　オンセットとライム

3　Treiman, R. (1985). Onsets and rimes as units of spoken syllables: Evidence from children. *Journal of Experimental Child Psychology*, 39, pp. 161-181.

日本語母語話者の場合は子音と母音を分離させる操作そのものが感覚的に最も難しいようです。いずれにせよ、音韻意識習得の過程で音節から音素意識と操作へと進む間のステップとして、オンセット - ライム認識はとても重要な役割を果たすと考えられています。本書では、絵カードを使って視覚的な操作と併せて単語の頭（オンセット部分）を切り離したり、異なるパーツ（ライム）とつないで新しい単語を作る（ブレンディング）操作の練習を行います（活動例⑭、⑮）。活動例⑮は難易度が少し高く、初めは間違えるのが当たり前です。「面白い動物ができた」ことに意識を向けさせ、「新しい動物の名前」を発音させるようにしてみましょう。ALT に手伝ってもらうのもいいでしょう。

活動例⑭　オンセット - ライムクッキング

スキル　オンセット - ライムのセグメンティング
目的　単語をオンセットとライムに分け、異なる組み合わせの単語を作る
手順　黒板に 3 枚の A4 サイズの絵カードを貼っておく（fish、pig、dog；頭の部分を予め切っておき、裏にマグネットを貼る）。オモチャの包丁で絵カードの単語を頭と胴体に切る真似をし、オンセットとライムに分ける

活動

先生　What is this card?

生徒　Fish!

生徒　（残り 2 枚も確認した後）Fish を切るよ。（包丁をイラストの頭の部分に当て、頭と胴体のカードを切り離して）切れてしまったのでもうこれは fish ではありません。頭のところは、[f]、[f]。

生徒　[f]、[f].

先生　胴体は？ f…ish の、[iʃ]、[iʃ]。

生徒　[iʃ]、[iʃ].

　　　　[f]　　[iʃ]

先生　（頭と胴体を指しながら）f…ish, f…ish. ああ、おいしかった！ 次は "pig" にしようかな。頭の部分は [p]、[p]. 胴体は？

生徒　[ig]?

先生　That's right! [ig].

生徒　[ig]!

| p | ig | | f | ish | | d | og |

指導ポイント　オンセット部分の音素を母音と切り離す活動。日本人は子音と母音を切り離すのが難しく、始めのうちは [fu] のような不要な母音をつけ加えてしまう。気にせずにカードを近づけたり離したりしながら、「絵カードの頭（オンセット）」と「胴体（ライム）」をつないだり、分けて発音させたりしてみよう。簡単そうに見えるが、「分ける」のは難しい操作です。はっきり、ゆっくりと発音するよう練習させる。切り分けができれば、活動例⑮のブレンディング操作に進む。

(参考資料として絵カードを pp. 174–175 に収録)

活動例⑮　What's this animal ?—単語をつくろう

スキル　ブレンディング、置換
目的　オンセットとライムで異なる組み合わせの単語を作る
手順　活動例⑭終了後に裏にマグネットシートを貼った動物カード（bear, sheep, snake, dog, cat, fish, horse など）を用意して、頭部分を違う動物の胴体につないで発音する。

活動

先生　今度はカードをつなぐよ。（fish のイラストの頭を指して）ここは何だった？

生徒　[f]!

先生　[f]、[f].　えーと、胴体はどっちだったかな。（わざと pig の胴体をくっつける）

生徒　えー、違うよ！

先生　これは何だった？

生徒　Pig!（いろいろな反応）

先生　胴体は pig の [ig] だったね。fish の [f] と pig の [ig] がくっついたら、全然違う動物になった。これは何だろう？　F…ig, f…ig.　[fig]?

生徒　[fig]!

先生　[fig]!　では、こっちは？（pig の頭と、dog の胴体をくっつける）

生徒　（口々にいろいろ言う）

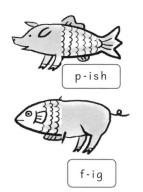

p-ish

f-ig

先生	（頭を指して）Pig の [p]、[p]（胴体を指して）dog の [ɔg]、[ɔg]。[p]、[ɔg] をつなぐと…？
生徒	[pɔg]!
先生	Very good. [p]-[ɔg]、[p]-[ɔg]、[pɔg]、[pɔg]. また新しい動物ができたね。こんどは、自分たちで動物を作ってみよう！

p-og

d-ish

指導ポイント　オンセットとライムを置き換えて、新しい単語を作る操作練習。組み合わせによっては思いがけず可愛い動物が作れる。完成した作品を教室に掲示すると、休み時間に音の足し算を楽しんでいる様子が見られる。文字を使わずに音声の操作遊びをすることができる。

7 … オンセット - ライム指導をスタートする時期

　小学校でオンセット - ライム指導や、単語の語頭音を聞き分けたりする活動はいつスタートすればいいのでしょうか。アルファベットの１文字１音を学んでいるとき、もしくは、音素への気づきが芽生えている時がベストだと思います。アルファベットの名前読みに慣れ親しみ、ジングルなどで音読みをなんとなく覚えてはいるものの、26 音すべての音素を明確に認識するにはまだ十分に感覚が育っていないため、子音に不要な母音をつけて発音しがちです。間違った読みが定着しやすいこの時期こそ、オンセット - ライムの指導を始めると効果的です。

8 …「母音と切り離す」スキルを身につける

　小学生にオンセット - ライム意識を指導するのは、中学校での読み書きの下地作りという目的があります。単語を読んだり書いたりする前に、小学校で「子音と母音を切り離す」スキルを身につけておくことは、後々文字操作練習時に役立ちます。ところが、日本語母語話者にとって子音を母音と切り離して認識することは容易なことではありません。なかでも、

声帯を振動させて出す有声音（[d]、[J]、[g] など）は、無声音（[s]、[f] など）よりも難しいようです。アルファベットジングルでも "[d]、[dɔg]" と言うところを、「ド、ド、doggu」のように、2 音節で発音していることに気づきます。その音だけを伸ばすことができる [f] などは、[f]…[iʃ] のように、[f] をそのまま伸ばして [iʃ] につなげるよう発音することで、「[f] という音があるんだ」ということを気づかせやすいのですが、[d] のように伸ばせない音は聞くだけでは難しいため、視覚的なイラストを用いて実際に切り分けて発音するなど、ある程度明示的な説明が必要でしょう。

　不要な母音が入った子音の発音を身につけてしまわないようにしましょう。読む際にスムーズに文字をつなぐことが難しくなり、書き取りでも正しく文字に対応しづらくなります。もし、[p] を「ぷ」、[g] を「ぐ」と覚えてしまうと、初めて "pig" という単語を読むときに「ぷ、い、ぐ…ぷいっぐ？」のように、ローマ字読みの発音になる場合があります。初期の段階で間違った音や読み方が定着すると、後々まで影響します。小学校での音声指導は丁寧に進めましょう。

9 … 音素意識と操作練習

> 音素感覚が育つと…
> 　単語に含まれる音素を聞き分けることができる
> 　複数の音をつなぐことができる
> 　単語を聞いて音素の単位に分けることができる
> 　語に含まれる音素を削除したり別の音素に置き換えることができる

　一般的に音素は子音と母音に大別されます。英語の母音と子音の数は基準によって異なります。竹林ら（2008）[4] によると、英語には 30 の母音と 24 の子音があると分類されています。ほとんどの子音は 1 文字ですが、ダイグラフなど 2 文字で 1 音を表す組み合わせもあります（例：back/

4　竹林滋・斎藤弘子（2008）『新装版英語音声学入門』大修館書店.

lunch/shop/photo など）。また、1文字で2音（例：x=[ks]、qu=[kw]）からなる文字もあります（注：通例、アルファベットのqの後にはuが結合するので、quの発音は[kw]と表します）。

　音素意識の指導では、違いを聞き分けたり、発音練習を丁寧に行うと同時に、読みにつなげるためのブレンディング、セグメンティング操作練習を十分に行います。活動⑯はアルファベットの音読み指導、活動例⑰は単語を構成している音素に気づくための活動、活動例⑱はブレンディング練習を行いながら、文字の操作につながる力を身につける活動です。

活動例⑯　同じかな？　違うかな？—音の聞き分け

スキル　同定
目的　2つの音（素）を聞き分ける
手順　黒板に丸を2つ描いておく。1つずつ指さしながら、2つが同じ音か、違う音かを聞き分ける

活動
先生　今から言う音をよく聞いてね、[t]、[t]。
生徒　[t]、[t]。
先生　今から音を2つ言います。（左側の丸を指さしながら）[t]、[t]。右側の音は[d]、[d]。左の音と右の音は同じかな？　違うかな？　同じだと思う人は手を挙げて。（以下略）

活動例⑰　どこにあるかな？—音素の位置

スキル　セグメンティング
目的　指定された音素が単語のどの位置にあるかを当てる
手順　「最初」「真ん中」「最後（後ろ）」という選択肢を与え、音素の位置を当てさせるため集中力が必要な活動

活動
先生　（黒板に丸を3つ描くか丸いカードを貼る）今から3つの単語を聞きます。[t]の音はどこにあるかな？（丸を1つずつ指さしながら）最初、真ん中、最後？　よく聞いてね。

ALT	[bæt] (bat).
生徒	最後。
先生	(丸を 1 つずつさしながら) [b]、[æ]、[t]。
	最後の音だね。Very good!
ALT	[taim] (time).
生徒	最初。
先生	[t]、[ai]、[m]。正解。Good job. (以下略)

活動例⑱　What's Changed? —音素聞き取りゲーム

スキル　同定、セグメンティング
目的　単語の中で変化した音素の位置を当てる
手順　単語の中の 1 つの音を替えて発音された音を聞き分け、替わった音素
の位置にあるカードを取るゲーム。ペアごとに 12 枚程度のトランプ
を配布する。3 音でできている単語なら、カード 3 枚を裏返してペア
の真ん中に置く。単語を 2 回繰り返し聞かせた後、3 回目に 1 音だけ
変更する。替わった位置にあるトランプを素早く取り、自分のカード
にする。空いたところにトランプの山から新しいカードを 1 枚取って
置く。最後に自分が取ったトランプの "数字の合計" が得点となる (枚
数ではない)。

活動

先生	(カードを裏返しに 3 枚机の上に置き、余ったカードは山にしておく
	よう指示する) 今から単語を言います。よく聞いてください。Hat、
	(カードを 1 枚ずつ指さしながら) [h]-[æ]-[t]。最初の音はなに？
生徒	[h]。
先生	次の音は？
生徒	[æ]。
先生	(すべての音を確認して) 今から単語を 2 回言って、3 回目に 1 箇所だ
	け替えるよ。どこの音が替わった？　よく聞いてね。[hæt]、[hæt]、
	[mæt] (mat)。
生徒	最初！　最初！
先生	次は？ [mæt]、[mæt]、[mit] (mitt)。どの音が変わったかな？

生徒　真ん中！　真ん中！
先生　Good! 最初の音は（生徒と一緒に）[m]、次の音は？　そう、[i]。最後の音は、[t] だね。真ん中の [æ] が [i] に替わったね。（以下略）

2 音の単語例：ig → ib → ab → ob → on → en → in → it など
3 音の単語例：fish → dish → dig → dog → jog → jag → jam → sam など
4 音の単語例：stop → step → stem → slem など

指導ポイント　このゲームでは単語の 1 音だけを矢継ぎ早に替えていくので、生徒はとても集中する。得点もトランプの枚数ではなく数字の合計のため、少しゆっくりの生徒でも高い得点を取ることができ、勝負が予測できないので盛り上がる。カードを指さしながら 1 音ずつ位置を確認することで、自然に単語に含まれる音素を聞き分ける力が身についていく。単語を変化させていく過程では無意味語も使う。もし、いきなり 3 音の操作が難しいと感じたら、2 音（母音と子音）2 枚の操作から始めるといい。出題する単語は、前もって手元に持っておくとスムーズに活動が進む。

活動例⑲　音ボタンで単語を言おう

スキル　セグメンティング、ブレンディング
目的　単音節の単語を音素単位に分けたり、つないで単語にする操作を身につける
手順　マグネットを 3 〜 4 つ（各自に 1 セット）。文字のない 3 音〜 4 音の絵カード（教師用の大きいカード、あるいは生徒 1 人ずつにセットで）を用意する。既習の（慣れ親しんだ）単語の絵カードがいくつの音でできているかを確認し、その数だけマグネットを置く。次にマグネットを指さしながら 1 つずつはっきりと発音し、最後に単語を発音する。

活動
先生　（黒板に絵カードを 1 枚掲示して）What's this?
生徒　[kæt]（cat）!
先生　That's right.　Cat をバラバラにしたら、いくつの音になるかな？　今日は磁石を使ってやってみるよ。（黒板の絵カードの下に磁石を 3 つ置き、母音を意識させるときは真ん中の磁石の色を変える）
先生　最初の音は何かな？

生徒	きゃ？
先生	頭が [k] で [k]、[k]。胴体は…？
生徒	[æt]!
先生	Very good. [æt] だね。[æt] を もっとバラバラにできるかな？ [æ]- [t]、[æ]- [t]。（ゆっくり言う）
生徒	[æ]、[t]。
先生	（磁石を指さしながら）真ん中の音は、[æ]、最後の音は [t]。[k]… [æ]…[t]、足したら？
生徒	[kæt]!
先生	じゃあ、一緒に音ボタンを押しながら言ってみるよ。[k]…[æ]…[t], つないで、[kæt]!

指導ポイント 音素ブレンディングでは文字を用いないことが重要。単語を音素の単位に分け、さらに、つなぐ操作をすることで読みの土台を作っていく。「子音の後ろに母音をつけない」「真ん中のアクセントを強く長めに発音する」ことに注意を向けさせる。最初は 1 つずつ、次に通して、最後にアクセントをつけて速く読む。このように読み方に変化をつけると飽きずに続けられる。3 音素の単語がすらすらつなげられるようになれば、4 音素の単語にも挑戦。

【例】

3 音の単語：cat, pen, mat, dog, ten, red, cook, hat, sun, fish など

4 音の単語：soft, black, stop, clock, drum, frog など

算数用のマグネットを用いてもできる

第**6**章

基本的な単語の読み書き指導

　英語の読み書きの習得について「文字は文字」、「音は音」というように、これまで別々に指導を行ってきました。いよいよ文字を読む段階に入ります。1文字1音の習得は既にアルファベットの導入のところまで終わっていますが、第1部の「まとめ」としての意味合いと、大切なことをもう一度確認する意味で押さえておかなければいけない基本を復習しておきましょう。

1 … 単語の読み指導

　英語圏の読み書き指導では、音韻意識や文字認識を幼児期から小学低学年までにしっかりと学び、フォニックスを用いて文字操作の練習を行います（第2部第6章参照）。文字操作のイメージは、ブロックをつないだり分けたりするのと似ています。ただ、日本語は音節（モーラ）の単位を理解していれば、自然に単語や文の読みへと進みますが、外国語である英語は、1文字が読めるようになっても、一足飛びに文の読みができるわけではありません。

　小学校で導入する音韻意識と、その後につなぐ文字のデコーディング操作については、図1のような流れで考えるとわかりやすいと思います。これまでの説明のように、音韻意識指導は文中の語に気づかせるところから始め、「さらに小さい単位」である音節へと段階的に操作練習を行います。音素指導はアルファベットの音読みの導入時にも行います。そこで、音素意識と文字が出合い、そこから文字操作へと進みます。文字の操作はまずは小さな単文字をつなげる練習から始め、そして、読むスキルは逆に、「小さい単位から大きな単位」へと育てます。

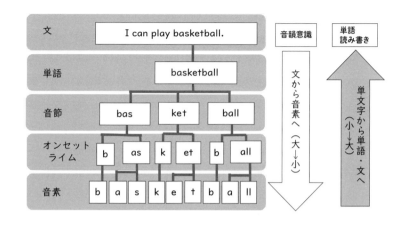

文	I can play basketball.	音韻意識	単語 読み書き
単語	basketball		
音節	bas ket ball		
オンセット ライム	b as ket b all		
音素	b a s k e t b a ll		

文から音素へ（大→小）

単文字から単語・文へ（小→大）

図1　音韻操作は大から小へ、文字操作は小から大へ

　音韻単位はそのまま文字の単位の操作に対応すると考えましょう。音素の単位は単文字（"a" なら [æ]）の操作を表し、1文字を見て素早く読めるようにし、2文字、3文字と文字数を増やして読む練習をします。たとえば、"camp" という単語であれば、[k]-[æ]-[m]-[p] と1文字ずつ音声化し、それをブレンディングして [kæmp] と1語にして発音します。書き取りはそれとは逆に、聞こえた単語（"camp"）を音素の単位に分けて、[k]、[æ]、[m]、[p] をそれぞれ、"c"、"a"、"m"、"p" という文字に対応させるスキルが必要です。

　文字数が増えるにつれ、記憶力の個人差（短期記憶、ワーキングメモリ）が影響し始めます。単語の一部を忘れたり、別の音に置き換えたり、無い音を付加したりするような誤りが目立つようになります。ワーキングメモリの弱い子どもたちのためには、3文字単位以上の読み書き練習では、操作する情報量を減らす目的でオンセット - ライム単位を用いるといいでしょう。単音節の単語を読ませる際に、「母音の前」と「母音から後ろ」の2つの音声のまとまり（チャンク）に分けます。たとえば、"camp" という単語は4つの音素（[k] [æ] [m] [p]）でできていますが、オンセット - ライム単位では c-amp（[k]-[æmp]）のように2つのチャンクになります。4つの情報を記憶して操作するよりも、2つの方が負荷が下がります。

筆者はこれまで何人ものワーキングメモリの弱さが疑われる児童生徒に指導してきました[1]。オンセット-ライムの読み練習では、単音節の単語の「母音の前」(オンセット)の部分と、「母音から後ろ」(ライム)の部分のブレンディング操作が中心になります。実際にやってみると、アクセントを中心に単語を発音しやすく、記憶の混乱も少ないことに気づきます。

　オンセット-ライムの操作に慣れてくれば、音節の単位で読んだり、書いたりする練習を始めます。多音節の単語は単音節がつながってできています。そのため、音節の区切りがわかれば音節ごとに音声化し、それをブレンディングして1語にすれば "長い単語" も簡単です。たとえば basket であれば、bas/ket と2つの音節に区切って音声化すれば、2つのチャンクをブレンディングするだけで読めます。このような「長い情報を小さなチャンクにする」方略は、中・高の文の読解やリスニング学習でもよく用いられています。

　このように、音と文字との関係を一連の流れでとらえながら、小学校から中学校にかけて段階的、体系的に「音から文字」「文字から音」の指導を行うと、学習者への負担はぐっと減ります。焦らず確実に育ててほしいと思っています。

2 … 2 文字単語の読み指導

　アルファベットの1音1文字の対応ができるようになったら、2文字単語(2音)の操作練習をしましょう。これは、3文字に進む前のステップとなると同時に、日本人にとって苦手な音素、特に短母音をしっかり意識させる良い機会となります。ただし、アルファベットの文字の音が定着していなかったり、思い出すのに時間がかかっていたり、クラス間の格差が大きいようであれば時期尚早です。立ち戻って1文字1音の活動を行いましょう。

　母音は単語のアクセントとなるため、この段階で母音をしっかりと意識できるようになると、発音にもリズム感が出ます。高学年に文字の音を指

1　村上加代子・太田真樹子 (2016)「通常学級に在籍する読み書き困難の小中学生2事例への英単語読み指導〜音韻意識とデコーディング指導を中心に」一般社団法人日本LD学会第25回大会、横浜.

導する際は、「子音と母音がある」ということは知識として伝え、「英語は母音がとっても大切だよ」という説明を加えてください。

　文字の操作をスムーズに進めるためには、文字―音変換のみに集中できるように、音韻操作は先に練習しておくと効果的です。つまり、2文字の読み練習をする前の準備運動として、2音の音韻操作練習を準備運動のように行っておくと、文字をブレンディングする操作につまずくことは少なくなります。活動例⑳のようなブレンディング活動は、両手を使うだけなので簡単にどこでも始められます。

活動例⑳　2つの音素をつなぐ

スキル　音素のブレンディング
目的　母音を意識して2つの音素をつないで1語にする
手順　文字は絶対に見せないようにして、両手を使って2音をつなぐ練習をする

活動

先生　今から2つの音の足し算をするからよく聞いてね。(両手を見せながら右手で)[i]、(左手で) [t]、(両手を合わせて)[it]。

生徒　[it]。

先生　(右手で) [e]、(左手で)[t](両手を合わせて)…。

生徒　[et] !

先生　Good! [et]。もう少し [e] を大きく言うよ。[t] は添える感じだよ(と手で表現する)。もう一度、[et]([e] を大きくアクセントをつけ、[t] は小さく言う)。Very good. 次は、(右手で) [ɔ] (左手で)[t] (両手を合わせて)…。

生徒　[ɔt] !

(以下、2音のブレンディングを母音や子音を変えて練習する)

指導ポイント　音素操作練習では操作に集中させるため、無意味語を含みます。練習のポイントは、2音をブレンディングして正確に1音節(不要な母音をつける日本語の2音節(拍)にならないように)にできるかどうかです。

そのためにはアクセントを強調してもし過ぎることはありません。メトロノームのように同じテンポで、リズミカルに進め、最初はゆっくり、慣れてくればスピードを上げる。

- ・母音を正しく発音しているか
- ・単語を英語の音節（リズム）で言えて、強勢（アクセント）が置かれているか
- ・しっかり口が開いているか

これらのことに気をつけながら「大きい声で言えてるね」「その音上手に出てるね」など、ほめることを優先する。発音が違っていてもすぐに正しい発音を教えるのではなく、自分で気づくような言葉がけを心がける。全員が自信を持って言えるまで繰り返し続けることで読みがスムーズになる。

活動例㉑　2文字単語を読む

スキル　2文字のブレンディング
目的　2文字の単語を素早く正確に、1拍のリズムで読める
手順　母音カードと子音カードを用いて子音＋母音の2文字を読む練習をする。黒板の左側に母音（短母音）、右側には子音が来るように置き、子音や母音を置き換えることで、[æt] や [it] など様々に組み合わせて読む。

活動

先生　（黒板に母音を縦に並べ、動作もつけて1つずつ発音を確認する）[i]、[e]、[æ]、[ɔ]、[ʌ].（"t" の文字カードを見せて）What's this?

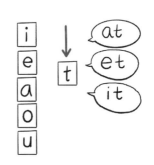

生徒　[t].

先生　Good.（と言いながら、"i" の隣にカードを置く）。This is [i]、this is [t]. 合わせると？

生徒　[it]!

先生　[it].（次に [t] カードを [e] の横に移動させる）これは？

生徒　[e]...[t]、[et]!

先生　Very good. 母音をしっかり読むよ。（母音にアクセントをつけて）[it].
（以下、カードを他の母音の後ろに置いたり、違う子音カードを使って組み合わせを変えて練習する）

> **指導ポイント**　音素ブレンディングとほぼ同じ手順で、1文字ずつ発声する。いきなり [in] と読むのではなく、[i]、[n]、[in] とステップを踏ませることで、アクセントに意識を向けさせることができるだけでなく、文字の音をすぐには思い出せなくても、「この文字は [i] だったな」と確認しながらブレンディングすることができる。

3 … 3文字単語の読み練習

　2文字から3文字単語の読み練習になると、つまずく子どもが出やすくなります。次のような様子が見られれば、前の段階に戻ってください。

- ・文字を思い出すのに時間がかかる→1文字1音の定着が不十分な可能性がある
- ・字の一部が別の音に変わってしまう→音韻操作か、ワーキングメモリなどに弱さがある

　3文字単語の読み練習に多いつまずきは「ローマ字読み」、つまり日本語の音節になってしまうことです。基本的な3文字単語の構成は、CVC（子音＋母音＋子音）で真ん中の母音にアクセントが置かれますが、日本語のローマ字読みになるとアクセントがなくなって平坦な読み方になり、最後に母音を追加して2音節語のように発話してしまいがちです。たとえば、[pæt]（pat）が「ぱっと」のように聞こえたら要注意です。個人的には3音を並べて順に読むのではなく、オンセット-ライムで読む方法をお勧めします。

　オンセットとライムをブレンディングする指導アプローチには、2通りあります。まずオンセットを音声化したのち、ライムを音声化し、最後につないで読む方法（文字の順序通り）と、まずライムを音声化し、次にオンセットを加えて通して読む方法（後ろから読む）です。普通は前から読んでいくのですが、子どもによっては「後ろから順番に足していく」方が易しく感じるので、子どもに合わせて試してみてください。本書では「前からつなぐ」方法を紹介しています。

活動例㉒　3文字単語を読む

スキル　3文字のブレンディング

目的　オンセット - ライムを用いて3文字単語を読む

手順　アルファベットカードを用意して2文字（子音＋母音）をまず練習し、次に子音字を2文字の前に1つ足してつないで読む練習をする

活動

（"a"と"t"の文字カードを2枚並べて）

先生　読めるかな？

生徒　[æt]!

先生　Good!（mのカードを見せて）じゃあ、この文字は？

生徒　[m]。

先生　じゃあ、[m]を[æt]の前に置くよ。つないだらどうなるかな…？ [m]…[æt], [m]…[æt]

生徒　[mæt]!

先生　じゃあ、[s]がこの文字になったら？（"s"のカードを置く）[s]…[æt].

生徒　[s]…[æt], [sæt]。

（以下、オンセットや母音を変えて練習）

指導ポイント　2文字をつなぐ練習の際に、母音にしっかりアクセントを置くよう指示する。

活動例㉓　word family 読みリレー

スキル　3文字のブレンディング

目的　オンセット - ライムを用いて3文字単語を読む

手順　読みシート（参考資料 pp. 170–171）をクラスの列の数だけコピーし、切り離しておき、読みシートを前の列から順番に読ませる

活動

先生　（"at"を黒板に書く）これはなんて読むかな？

生徒　[æt].

先生　今から"-at"のつく単語を読むリレーを
　　　するよ。一番前の人に単語リストを渡し
　　　ます。読めたら後ろの人に回してくださ
　　　い。一番後ろの人が読み終わったら手を
　　　挙げてください。（カードを列の先頭の
　　　生徒に配布する）Ready, start.

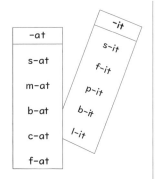

生徒A　[sæt]（sat）、[mæt]（mat）、[bæt]
　　　　（bat）、[kæt]（cat）…（シートを次の
　　　　生徒に回す）
生徒B　[sæt], [mæt], [bæt], [kæt]…
（最後の生徒は読み終わったら手を挙げる）

指導ポイント　ライム部分が同じ単語を集めたリストは word family と呼ばれ、米国の読み練習でよく用いられている。オンセットだけが変わるため、母音とのブレンディングに集中して練習することができる。「3分以内に読めるかな」のように時間を設定すれば、時間内に読めたグループを「みんなすごいね！」とほめることができる。1分以内に読めたチームは「神様レベル」、2分以内だと「博士レベル」のようにランク分けしても楽しい。

4 … 単語の書き取り（スペリング）

　短い単語を読むことができるようになれば、書き取り練習へと進みます。ここでいう「書き取り」とは、単語の書き写しではありません。ここまでの段階で、子どもたちはアルファベットの文字の形と音の対応ができるようになっていますし、音韻感覚も身についてきています。書き取りができるためには、聞こえた音のまとまりをより小さな単位に分けるスキルが必要です。しかし、いきなり3文字単語の書き取りをさせることは難しい子どもたちもたくさんいます。そのため、「初めの音」「真ん中の音」「終わりの音」のように、聞き分ける音を指定して文字を書き取らせる練習は、書き取りの準備活動としてとても効果があります。筆者の経験では、3音の聞き取り書きの難易度は最も難しいのが母音で、次に語頭音、最も誤りが少ないのが語尾音です。

活動例㉔　最後の文字、何だ？

スキル　単語の最後の子音を聞き取り、正しい文字に対応させることができる
目的　単語の語尾音を書き取る
手順　3文字単語の最後の文字部分を空白にした単語リストを1人1枚（単語例：cup、mat、pen、ink、ham、dog、red、big、sunなど）配布し、聞こえた音を書き取るよう指示する

指導ポイント　語尾音の書き取りでは最後の音だけに注目すればいいので、フォニックスが未習でも問題ない。誤りが定着しないように1問ごとに答えを確認する。

活動例㉕　最初の文字、何だ？

スキル　単語の最初の子音を聞き取り、正しい文字に対応させることができる
目的　単語の語頭音を書き取る
手順　3文字単語の最初の文字部分を空白にした単語リストを1人1枚用意する（単語例：hat, cap, cat, bed, pen, pin six, zip, dog, hop, hot, bug, mug, runなど）。活動に入る前に、オンセット - ライムのセグメンティングを1分程度練習する（[kæt] → [k][æt]）。ウォームアップが終わったら、リストの単語を読み上げて語頭音を書かせる

指導ポイント　この段階では、単語の発音を聞いて最初の文字がわかり、正しい文字が選べればいい。正しい音はわかっているのに文字が思い出せない生徒は、アルファベット表を見てもいいことにする。教室の前に貼っておけば全員に選択肢が与えられることになり、答え合わせも各自できる。子音と母音を分ける音声だけのセグメンティング練習を行っておくとスムーズに進む。

活動例㉖　真ん中の音、何だ？

スキル　単母音が聞き分けられ、文字に対応できる
目的　5つの短母音を聞いて選ぶことができる
手順　単語を聞かせて、聞こえた母音を選び丸をつける

<table>
<tr><td colspan="2">**活動**</td></tr>
<tr><td>先生</td><td>（用紙を配布）単語を 3 回言います。単語の真ん中の音をよく聞いて○で囲んでね。Listen carefully. [pet]、[pet]、[pet].</td></tr>
<tr><td>生徒</td><td>（プリントに丸をする）</td></tr>
<tr><td>先生</td><td>さあ、何の音だったかな。</td></tr>
<tr><td>生徒 A</td><td>[e] ？</td></tr>
<tr><td>生徒 B</td><td>[i] ？</td></tr>
<tr><td>先生</td><td>もう一度聞いてね。（[e] の口と手の動きなどをヒントとして示して）[pet]</td></tr>
<tr><td>生徒</td><td>[e] ！</td></tr>
<tr><td>先生</td><td>Good! [e] が正解。（黒板に e の文字を書く）。</td></tr>
</table>

指導ポイント　短母音の [æ]、[ɔ]、[ʌ] は日本人には「あ」と聞こえる。この段階で全問正解を目指すのではなく、音の違いを知り、しっかりと口の形を作り、自分なりに試行錯誤をすることが大切。口の形を練習することは視覚的にもわかりやすいだけでなく、生徒にとっても音を作る手掛かりとなる。選択肢を与えることで、聞くことだけに意識を集中しやすくなる。連続で問題を出すとすべて間違える生徒が出るため、答え合わせは 1 問ずつ行い、「この文字はあの文字とは違う音だ」ということを毎回意識させる手間をかけましょう。「次はがんばるぞ」という気持ちを持続させるのも大切です。「間違えても大丈夫だよ」という声かけも忘れずに。

5 … 未習単語の読み指導

　本書で紹介している単語の読み指導は、音韻意識スキルと文字を音声化するデコーディングスキルを身につけることです。フォニックス指導で新しい規則を学習した際にも、スムーズに単語を読めるように構成されています。ところが、実際の教科書に出てくる単語は文字と音の対応が不規則で、子どもたちが知らない組み合わせもたくさん出てきます。食べ物の名前にしても、banana は読めるのに、corn、cabbage、strawberry、pineapple、sausage などは戸惑ってしまうかもしれません。これらの単語をすべて暗記できてしまえればいいのですが、それも容易ではありません。学習指導要領でもそこまでは求めてはいませんが、子どもたちに「読みたい」という気持ちが芽生えたときに、それをそっと後押しできるアプ

ローチがあると良いですね。

（1）　読める語と暗記する語

　英語には tricky words と呼ばれるアルファベットをつなぐだけでは読めない単語が多く存在しています。One、the、he、are、all、you などの頻出単語に多いため、英語圏ではフォニックスを習うときに、その知識では読めない視覚的暗記が必要な単語を、「毎週○語」のように目標を立てて、暗記に取り組みます。

　日本語のかな文字は、フォニックスの読みと同じように文字をつなぎ、音声化すれば単語になります。一方、漢字は形そのものを視覚的に覚えなくてはならない、形状記憶が要求される文字です。フォニックスの知識では読めない Tricky words は、そういう点では漢字の指導アプローチに似ているかもしれません。

　小学校のうちから使用頻度の高い語（数字や人称代名詞など）を選定し、デコーディングできる単語は読みに挑戦させ、そうでない単語は音声と意味をしっかりと結びつけた上で文字の組み合わせに着目させるというように、2 パターンの指導アプローチを使い分けると良いでしょう。地区の中学校の教員と協働して、一緒に「暗記単語リスト」を作成するのも良い試みでしょう。

（2）　単語の構成要素に着目する

　新しい漢字を指導するとき、何かに関連づけると覚えやすくなります。「木が並んで立っていると林になるね」といった指導をしている教員も多いのではないでしょうか。英語の単語の中にも長い単語ほど"読めるパーツ"が含まれています。読める部分は自力で読むよう促しましょう。たとえば、"tennis"は ten-nis の 2 音節に分けられるので、デコーディングスキルを身につけている子どもであれば、ten も nis も音声化することはさほど難しくありません。「ここで区切って読んでみて」という指示だけで十分です。少し長い "umbrella" はどうでしょうか。音節では、um-brel-la となります。um はそのまま [ʌm] と読めます。brel も、1 文字ずつ音声化して [b]、[r]、[e]、[l] をつないで読むか、[br] [el] とオンセット -

ライムに分けてから読んでもいいでしょう。最後の la は [lə] という曖昧な母音で終わるので、「しっかり発音した「ア」でなくていいよ」くらいに留めるという方略を持つことが大切です。このように小さなチャンクに分け、それをつなげば読めます。「長い単語は見ただけで無理」という子どももいますが、それはこれまで「丸暗記」を強いてきたからです。単語の構成部分に目を向けさせましょう。まず母音を中心としたチャンクに分け、読めないところだけ教員が補助するようにしましょう。tricky words も少しずつ覚えていき、未習語も推測して読めるようになってくれば自信につながり、学習も楽しくなっていくでしょう。

6 … ICT の活用

　近年、ICT（情報通信技術）を効果的に活用した指導実践が増えています。これまでも、学習に困難を抱える児童生徒のために特別支援学級や、通級指導などでは取り入れられてきました。ICT の活用でどのようなことができるのでしょうか。また、どんな利点があるのでしょうか。

　学校で使われている主な ICT 機器には、パソコン、タブレット PC、電子黒板などがあります。これらの機器を情報の収集や、意見の交換、発信などの場面で用いることができます。もしクラスに学習に困り感を抱えている子どもがいる場合、様々な場面で ICT を活用することができます。

　外国語指導場面では、「読めない」「書けない」「意志を伝えられない」「話を聞けない」ことが多々あります。それは、決して発達障がいが原因というわけではありません。英語という新しい言語を学んでいるため、そういう場面が生じるのが当たり前です。筆者も何度か渡米しましたが、図2にあるような「困難さ」は常に感じていました。おそらく、留学経験があったり、学校の ALT とのコミュニケーションを試みた教員にとっても、伝えられないもどかしさというのはひとごとではないでしょう。

　そのように考えれば、通常学級の活動でも、学びの「選択肢」を増やすために ICT を用いることは大いに奨励されるべきでしょう。ICT でできることは多いため、子どもたちがそれぞれ自分に合ったやり方で実現できるツールを使いこなせるようになれば、世界との距離がぐっと短くなりますね。これからの時代、「できないことは ICT に補ってもらえばいいんだ

よ」くらいの気持ちでいいのではないでしょうか。

　「正しい書き順を知っている」ことよりも「何を表現するか」が大切です。「聞いたことを忘れず指示通りにする」よりも「内容を理解し、達成できるか」、「間違えずに言える」よりも「自分が使いやすいツールを用いて相手に意思を伝えられるか」が重要です。ICT を補助ツールとして使うことで、より深く広い学びが可能になります。必要とする子どもたちにはいつでも使える教育現場になることを期待しています。

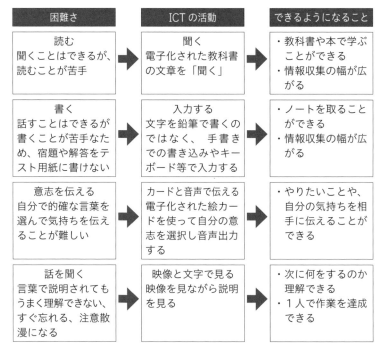

図 2　ICT の活用による学習支援の充実[2]

7 ⋯ デジタル教科書

　2019 年 4 月から小学校、中学校、高等学校でデジタル教科書の導入が

2　宮城大学付属特別支援教育総合研究センター (2014)『発達障害のある子供たちのための ICT 活用ハンドブック──通常の学級編』を参考に、筆者が一部加筆変更

始まりました。デジタル教科書やICTを用いた学習により学習の個別最適化も可能となり、配慮を必要とする児童生徒への効果も期待されています。デジタル教科書は文部科学省の検定を通った教科書と同じ内容ですが、様々な機能が加わります。デジタル教科書ではどのようなことができるのでしょうか。機能についてまとめたものが表1です[3]。

表1　デジタル教科書の機能

デジタル教科書機能	利点・使い方
拡大	文字の拡大が容易
書き込み	ペンやマーカーで簡単に教科書に書き込める
保存	教科書に書き込んだ内容を保存・表示できる
機械音声読み上げ	教科書の文章を機械音声で読み上げることができる
背景・文字色の変更・反転	視覚に問題を抱える子どもに配慮して、背景色・文字色を変更・反転することができる
ルビ	漢字にルビを振ることができる
朗読	本文の朗読やネイティブ・スピーカーが話す音声を、教科書の文章に同期させつつ使用することができる
本文・図表等の抜き出し	教科書の文章や図表等を抜き出して活用するツールを使用することができる
動画・アニメーション等	教科書に関連する動画・アニメーション等を使用することができる
ドリル・ワークシート等	教科書に関連するドリル・ワークシート等を使用することができる
大型掲示装置表示	手元の画面を大きく表示することができる
ネットワーク共有	授業支援システム等を活用し、すべての児童の画面を共有することができる

　デジタル教材の最大のメリットは、音声や映像によって指導法や学習法の選択肢が増えることです。子どもたちのニーズに合わせ、聞き取りにくければ自分にとって最適のスピードに調整したり、文字が見えにくければ拡大する、あるいは文字の色を変えるといった調整ができることで、学習

3　文部科学省 (2019)『デジタル教科書実践事例集』https://www.mext.go.jp/a_menu/shotou/kyoukasho/seido/__icsFiles/afieldfile/2019/03/29/1414989_01.pdf (2020/07/11 アクセス)

者の学びの自立にもつながります。

　教科書の読み上げ機能などは繰り返し聞き返すことで文字から音への理解が一層深まるだけでなく、読みがスムーズになり、語彙力の向上にもつながることが期待されます。発表活動では、写真の貼りつけや書き込みなどができるようになり、オリジナルの作品を作ることもできます。実際に使った教員の声からは、「紙と比べて容易に消せるようになり、子どもたちが積極的に教科書本文に書き込みを行うようになった」といった報告もあります。活動の目的に合わせて、黒板、プリント（紙）、デジタル教材などを使い分けるのが望ましいでしょう。

　デジタル教科書の効果的な使用には教員の知識だけでなく、学校の機器やネット環境の整備の充実が欠かせません。また、ICT 機器は、購入した後もアップデートなどのメンテナンスが必要ですが、そのための時間も予め準備に含めておくと、「メンテナンスが大変で使えない」「引き継ぎができない」といったことはなくなるでしょう[4]。

4　「デジタル教科書は特別扱い？ 読み書き障害に有効も学校難色」『京都新聞』2019 年
9 月 8 日、https://www.kyoto-np.co.jp/articles/-/23830. (2020/10/26 アクセス)

第2部

読み書きでつまずかせないための
セオリー

第1章

インクルーシブ教育

1 … インクルーシブ教育は通常学級から

　インクルーシブ教育という言葉は、教育関係の書物でよく取り上げられるようになりました。学校教育現場では特にそうなのではないかと思います。しかし、インクルーシブ教育の実践というとなかなかイメージがつかみにくいのではないでしょうか。なかには、「インクルーシブは特別支援教育がするもの」といった誤った考え方もあるようですが、インクルーシブ教育システムはすべての子どもたちを対象とし、すべての学校・学級で実施されることが望ましいとされています。

　2012年に実施された文科省調査[1] によれば、学習面に著しい困難を示す児童生徒は4.5%、行動面は3.6%、その両方は1.6%という結果でした。いずれかに著しい困難を示す児童生徒の割合は6.5%となり、1クラス（30人）に2人ほど在籍していることになります。どの学級においても障がいのある児童生徒がいることを踏まえ、新学習指導要領では、各教科の「指導計画の作成と内容の取り扱い」に「障害のある児童などについては、学習活動を行う場合に生じる困難さに応じた指導内容や指導方法の工夫を計画的、組織的に行うこと」と明記されました。また、障がいのある子どもとそうでない子どもが、できる限り共に学ぶことをめざすインクルーシブ教育の推進と共に、障がい者教育や心のバリアフリーへの取り組みの充実が求められています。近年注目されているSDGs（持続可能な開発目標）[2] は、「誰1人取り残さない」社会の実現を掲げており、インク

1　文部科学省（2012）「通常の学級に在籍する発達障害の可能性のある特別な教育的支援を必要とする児童生徒に関する調査結果について」http://www.mext.go.jp/a_menu/shotou/tokubetu/material/__icsFiles/afieldfile/2012/12/10/1328729_01.pdf（2020/04/23 アクセス）
2　外務省（2020）「持続可能な開発目標（SDGs）達成に向けて日本が果たす役割」

ルーシブ社会に向けての動きはいまや世界的規模で進められていると言っても過言ではありません。

　筆者は、主として LD や LD が疑われる子どもたちや、通常学級の子どもたちを対象にした英語の初歩的な読み書きに関する指導調査や研究を行ってきました。教員研修等で聞こえてくる、「手は尽くしたのに、これ以上どうしたらいいのかわからない」「教え方がわからない」という、子どもたちへの対応に苦慮する教員の声が聞こえてきます。それも通常学級の担当者からの悩みが増えていると感じています。すべての人を包括するインクルーシブ教育についても、どうすれば共に学べるかということが、より一層重要な課題となっていくでしょう。

2 … インクルーシブ教育システム

　そもそも、インクルーシブとはどういう状態を意味するのでしょう。また、インクルーシブ教育と聞いたとき、どのようなイメージを浮かべるのでしょうか。英語では inclusive は「すべてを含んだ」「包含する」という意味で、その対義語、exclusive は「排他的な」です。教育形態としては segregation「分離」もあります。たとえば、「アパルトヘイト」として知られる南アフリカの政策や、アメリカでも人種ごとに分離した教育が行われていましたが、健常者と障がい者を分け、特別支援学校などで教育するシステムもまた「分離」の教育です。

　日本は国連の「障害者の権利に関する条約」に 2007 年に署名し、2012 年に批准しました。この条約は障がい者が積極的に参加・貢献できる社会、すなわち、共生社会の実現をめざしています。社会の各分野で共生社会実現のための取り組みが進められていますが、その利益はすべての国民にあると考えられています。障がいのある者とない者が可能な限り共に学ぶ仕組みの構築は、教育領域においても求められています。この仕組みのことを「インクルーシブ教育システム」と言います。

　文部科学省の「共生社会の形成に向けたインクルーシブ教育システム構築のための特別支援教育の推進（報告）概要」[3] では、この条約の第 24 条か

---

https://www.mofa.go.jp/mofaj/gaiko/oda/sdgs/pdf/2001sdgs_gaiyou.pdf
3　文部科学省（2012）「共生社会の形成に向けたインクルーシブ教育システム構築の

ら第 2 項を次のように引用しています。

> 障害者の権利に関する条約第 24 条によれば、「インクルーシブ教育システム」（inclusive education system、署名時仮訳：包容する教育制度）とは、人間の多様性の尊重等の強化、障害者が精神的及び身体的な能力等を可能な最大限度まで発達させ、自由な社会に効果的に参加することを可能とするとの目的の下、障害のある者と障害のない者が共に学ぶ仕組みであり、障害のある者が「general education system」（署名時仮訳：教育制度一般）から排除されないこと、自己の生活する地域において初等中等教育の機会が与えられること、個人に必要な「合理的配慮」が提供される等が必要である。　　（文部科学省, 2012）

　続いて、「インクルーシブ教育システムにおいては、同じ場で共に学ぶことを追求するとともに、個別の教育的ニーズのある幼児児童生徒に対して、自立と社会参加を見据えて、その時点で教育的ニーズに最も的確に応える指導を提供できる、多様で柔軟な仕組みを整備することが重要である」と述べています。もし、「同じ場所で共に学ぶ」ことがインクルーシブ教育システムのめざす在り方ならば、近年、日本で特別支援教室や特別支援学校に在籍している児童生徒が急増している状況は、果たして「インクルーシブが推進されている」と言えるのでしょうか。
　データによると、2019 年には特別支援学校の在籍者数は約 7 万 2 千人になりました[4]。これは 2017 年度比で 1.2 倍の増加です。そして、小・中学校の特別支援学級在籍者は約 23 万 6 千人となり、2017 年度比で2.1 倍です。通常の学級で通級による指導対象は約 10 万 9 千人となり、2017 年度比で 2.4 倍の増加です。日本では義務教育段階の全児童生徒数が減少傾向にあるにもかかわらず、特別支援学校や特別支援学級がこのように急増している背景的な理由について、もっと深く考える必要があるの

ための特別支援教育の推進（報告）」https://www.mext.go.jp/b_menu/shingi/chukyo/chukyo3/044/attach/1321668.htm（2020/04/23 アクセス）
4　文部科学省（2019）「日本の特別支援教育の状況について」https://www.mext.go.jp/kaigisiryo/2019/09/__icsFiles/afieldfile/2019/09/24/1421554_3_1.pdf（2020/02/23 アクセス）

ではないでしょうか。

　たとえば、「障害者の権利に関する条約の理念を踏まえた特別支援教育の在り方に関する意見書」(2010)[5]では、「特別支援学校、特別支援学級の在籍者が増加している状況は、地域の学校がインクルーシブではなく、すべての子どもにとって安心して学習できない場になっていることの反映であるととらえることができる」という指摘があります。「通常学級では無理だから」と保護者・当事者が考え、本当は地域の学校に通いたくとも特別支援学校を選択せざるを得ない状況があるとすれば、すべての子どもが地域の学校で学習することができる制度と準備を整えていくことが急務だと訴えています。

　就学選択に関する事態を重く見た「意見書」では、「特別支援教育は障害の種類と程度により就学先が規定される原理分離教育制度であり、インクルーシブ教育ではない」(権利条約2条、3条、24条)こと、そして、子どもの障がいの基準と程度によって就学する場を規定している点については「障害者の権利の条約」に抵触する、と指摘しています。さらに、「原則としてすべての子どもが普通学級に籍を置く制度に転換すること」「本人や保護者等の希望に応じて特別支援学級、特別支援学校を選択できるよう法制度を改めること」などを提言しています。

3 … 指導の空白地帯

　「障害者の権利に関する条約」を批准して以降も、日本は「分離」が進む傾向があることに、筆者は大いに疑問を感じています。「障がいのある子どもが増えたので、対応できない」、「特別支援教育が充実することで専門家に手厚い指導を任せられるようになった」という意見もあるでしょう。ですが、教科によっても事情が異なり、教員の対応の仕方によっても子どもの状態が変わります。「障害がある生徒像」は決して固定したものではなく、周囲の環境や子どもの心身の成長とともに常に変化し続けています。「自分の手に余る」と感じた時点で、「誰かに任せたい」という気持ちもわ

5　文部科学省 (2010)「障害者の権利に関する条約の理念を踏まえた特別支援教育の在り方に関する意見書」https://www.mext.go.jp/b_menu/shingi/chukyo/chukyo3/044/attach/1298937.htm (2020/04/23 アクセス)

かりますが、こと英語に関しては、その方策は問題解決にはなりません。

　もともと学習障がい（LD）があれば英語学習はかなり難しいと考えられています[6]。そして、本来、子どもの受け皿となるはずの特別支援教育が、英語の教科指導に関してはうまく機能していないという現状があります。「英語は指導法がわからないので通常学級で教えてほしい」と切実に願っている特別支援担当教員は少なくありません。そもそも、特別支援教育資格習得に際して英語は必修ではなく、英語が苦手な特別支援教員もたくさんいます。特別支援教育の知識を持ち、さらに英語を指導できる人が日本にどれほどいるのかの把握もなされていません。ほとんどいないと言っていいでしょう。

　筆者が参加してきた数年前までの特別支援教育関連のセミナーでは、「LD の生徒への英語指導はあきらめるしかない」「英語の特別支援教育は最後の未開地」のような発言を聞くことすらありました。特別支援教育の専門家でも、それほど英語教育におけるつまずきに対しては「指導が難しい」のです。つまり、英語教育ではセーフティネットが十分に機能しておらず、英語につまずいた子どもたちが「指導の空白地帯」とも言うべき領域に取り残され、放置されている状態です。通常学級の教員も、特別支援教育の知識を持ち、こうした子どもたちを 1 人でも減らすように努力をしなくてはなりません。

　既に文部科学省は教職員の専門性向上として、「通常学級担当教員であっても、特別支援教育に関する一定度の知識・技能を有すること」[7]としています。2019 年には「教育職員免許法及び同法施行規則」の改正により、新しい教職課程が始まりました。教職課程コアカリキュラム[8]にも、「教育の基礎的理解に関する科目」として、各科目において「特別の支援を必要とする幼児、児童及び生徒に関する理解」(p. 15) が含められるよう

6　品川裕香 (2020)『怠けてなんかいない！ 読む・書く・記憶するのが苦手な子どもたちが英語を学ぶとき』岩崎書店.

7　文部科学省 (2016)「発達障害者支援法」https://www.mext.go.jp/kaigisiryo/content/20200221-mxt_tokubetu02-000005155_2.pdf. (2020/03/02 アクセス)

8　教職課程コアカリキュラムの在り方に関する検討会 (2017)「教職課程コアカリキュラム」https://www.mext.go.jp/component/b_menu/shingi/toushin/__icsFiles/afieldfile/2017/11/27/1398442_1_3.pdf(2020/04/26 アクセス)

になりました。

　「特別支援教育の視点」を持つとは、「どう教えるか」の前に「なぜつまずくのか」という疑問を持ち、その答を生徒と共に探す姿勢ではないかと思っています。子どもの心身の発達、心理特性や学習の過程を理解することは、特別支援教育を担当する教員だけでなくすべての教員にとって役立つ知識であり、そうした理解があれば指導効果も得られやすくなり、インクルーシブ教育システムの目標にさらに一歩近づくことにもなるでしょう。

　ところで「障害者の権利の条約」に批准した他の国々では、どのようにインクルーシブ教育が行われているのでしょうか。イタリアでは以前から分離された特別支援学級及び特別学校がありました。1970 年代から法改正が徐々に行われ、0 才から成人まで、すべての障がい児が地域の学校で就学するインクルーシブ教育が法律で保障されました[9]。それも障がい軽度の子どもから重度の子ども、保育園、大学までとその対象が拡大し、90 年代には「統合教育」はイタリア教育制度として確立しました。イタリアでは障がいのある子どもが障がいのない子どもと授業を受ける権利があると同時に、障がいのない子どもも障がいのある子どもと同じ授業を受ける権利があると認識されているとも言われます[10]。

　イギリスでは 1978 年以降、「障がいのある子ども」ではなく、「特別な教育ニーズを有する子ども」と呼ばれるようになりました[11]。それ以前は子どもを障がい種別（盲、聾、難聴、教育地帯などなど）にカテゴリー分けした教育が行われていました。しかし、それは医学的観点からの分類であって、1 人ひとりの子どもが必要としている教育には対応していないと考えられるようになりました。障がいの有無は明確に区分されるものではなく連続的であるという視点から、新たな教育的観点が提唱されていま

9　内閣府 (2010)「平成 22 年度障害のある児童生徒の就学形態に関する国際比較調査報告書ー第 3 章イタリア」https://www8.cao.go.jp/shougai/suishin/tyosa/h22kokusai/2_3.html(2020/04/26アクセス)

10　藤原紀子 (2007)「イタリアにおけるインクルージョンの変遷と 1992 年第 104 法」『世界の特別支援教育』24, pp. 67-77. 独立行政法人国立特別支援教育総合研究所.

11　内閣府 (2010)「平成 22 年度障害のある児童生徒の就学形態に関する国際比較調査報告書ー第 2 部イギリス」https://www8.cao.go.jp/shougai/suishin/tyosa/h22kokusai/2_1.html(2020/04/26 アクセス)

す [12, 13]。

　この条約に署名した国々が、このように「すべての子どもが同じ場所で共に学ぶ」方向へと舵を切っていることを見るにつけ、やはり日本の通常教育と特別支援教育の在り方には矛盾があると感じます。まだまだ日本では議論が続いている状態ですが、私たちも教育に関わる当事者の 1 人として、「日本のインクルーシブ教育」の在り方やその実現について、今一度考えてみる必要があります。

4 ⋯「インクルーシブは無理」と思わせるものは何だろう

　教員がインクルーシブ教育に取り組むに当たって、障壁となっているのは何でしょうか。「インクルーシブ教育は障がいのある子どもも指導するのでしょう。私にはそんな知識はありません」「今の教室で、いろいろなニーズが求められる子どもと一緒に授業をするのは準備の時間も十分に取れないし、ほかの子どもたちにも迷惑になるから難しい」というように、指導の専門性や準備時間などについて不安や負担を感じているのかもしれません。しかし、教育でのユニバーサルデザイン化やインクルーシブへの動きは、今後一層強まる可能性があります。「現状が厳しいからインクルーシブはできない」と結論づけるのではなく、「難しくさせている原因は何か」を 1 つひとつ洗い出し、それらをどう変えればできるようになるのかに心を砕くことが大切ではないでしょうか。

　たとえば、「難しい」と感じる原因となるものとして、指導環境、機器などの機材やシステム、指導スキルや知識について考えてみましょう。たとえば、クラスサイズが小さくなると何が変わるでしょうか。現在、日本は OECD 加盟国の中でも学級規模が最も大きい国の 1 つで、チリ（1 クラス当たり 30 人）に次いで 2 番目に多い国です [14]。OECD の平均は 1 クラス

12　河合康（2006）「イギリスにおけるインテグレーション及びインクルージョンをめぐる施策の展開」『上越教育大学研究紀要』26, pp. 381-397.

13　英国は「障害のある子どものニーズに応ずることのできるメインストリームの学校（普通学校）や職員のアクセスがより多くできるようなインクルーシブなシステムの開発を継続する」、という文言を加えた上で「障害者の権利の条約」を批准しています。

14　OECD（2018）「図表で見る教育: OECDインディケーター日本」https://gpseducation. oecd.org/ Content/EAGCountryNotes/JPN_Japanese.pdf（2020/04/26アクセス）

当たり 21 人ですから、日本の教員はスーパー大規模学級を抱えていると言っていいでしょう。もし、学級人数が 30 人や 40 人ではなく、15 人から 20 人であればどんなことが可能になるでしょう。気持ちにもずいぶん余裕ができませんか。

　また、教員が抱えている多種多様な業務を整理することも重要なことです。日本の教員の法定勤務時間数は、OECD 加盟国の中では平均を 200時間以上上回っているのに授業に充てる時間が少なく、年間授業時間数は全教育段階で OECD 平均を大きく下回ります。これは、日本の教員が授業以外の様々な職務をこなしているという実態があるためと指摘されています。このように、日本の教員は世界的に見ても大変厳しい条件で働いているため、「ユニバーサルデザインの工夫をもっとしなさい！」と言われても、ますます追い込まれてしまうかもしれません。国の政策として取り組むのであれば、個々の教員の責任として抱え込ませるのではなく、教員が前向きに変革に取り組める環境作りから始めなくてはなりません。

　インクルーシブ教育システムそのものが実現困難な課題なのではなく、それを難しくさせている現状にも課題があるのです。先に述べたような多忙な仕事環境において「できない」と感じることは、決して個人のわがままとは言えません。日本の教員は既に十分努力しているのです。個人の努力を求めるだけでなく、まずはシステムの構築に着手していくことが、子どもの学びの環境を変える第一歩となります。教員が本来の働き方ができるようなサポート体制を整えることは、インクルーシブ教育を推進している側が責任を持って行うことでしょう。

第**2**章

教育における
ユニバーサルデザイン

1 …「障がいのある子ども」だけが対象か

　インクルーシブ教育やユニバーサルデザインの授業は、障がいのある子どもだけではなく、すべての子どもが対象です。もし「障がいのある子ども」だけが対象となった場合、いかにその線引きが難しいか少し想像してください。誰の診断があれば障がいがあるということになるのでしょうか。どういう場合だと配慮をしなくてもいいのでしょうか。

　AさんとBさんに読み書きに困難がある場合を考えてみましょう。Aさんだけが何かしらの医師の診断をもらっている場合、Aさんだけに授業がわかりやすくなるような配慮を行えばいいのでしょうか。「Bさんは診断がないから障がい者ではない。よって配慮は必要がない」とは言えません。学校ではすべての児童生徒が等しく学びの機会を得ることや、活動に参加することが保障されており、障がいの診断がある・なしで区別されることはないはずです。

　インクルーシブ教育の実現には、授業を変えていくことも重要です。それにはユニバーサルデザインの考え方を取り入れた工夫が役に立ちます。もともとユニバーサルデザインの考え方は、ノースカロライナ大学のロナルド・メイス博士（Ronald Mace, 1941-1998）が中心となって「UD7原則」[1] として提唱されたものです。「調整又は特別な設計を必要とすることなく、最大限可能な範囲で全ての人が使用することのできる製品、環境、計画及びサービスの設計」[2] として世界中に広がりました。

1　Centre for Excellence in Universal Design, The 7 Principles. http://universaldesign.ie/What-is-Universal-Design/The-7-Principles/（2020/02/29 アクセス）

2　外務省（2014）『障害者の権利に関する条約』https://www.mofa.go.jp/mofaj/fp/hr_

Ronald Mace 博士のユニバーサルデザイン7原則
・公平性―使う人が誰であろうと公平に操作できる
・自由度―使用する際の自由度が高い
・簡単さ―すぐに使い方がわかる、使い方が簡単
・明確さ―わかりやすい情報、丁寧な説明
・安全性―使う際に安心、安全である
・持続性―使用中の負担が少ない、長時間でも疲れにくい
・空間性―誰にでも使える大きさ、広さ

　この「UD7原則」の考えを教育に応用したものがユニバーサルデザイン教育と呼ばれています。現在、日本に「ユニバーサルデザイン（UD）」を掲げた教育関連の学会・研究会としては、日本授業UD研究学会、UDL（学びのユニバーサルデザイン）研究会などが挙げられます。

　日本授業UD研究学会では、ユニバーサルデザインの授業を「特別な支援が必要な子を含めて、通常学級の全員の子が、楽しく学び合い『わかる・できる』ことを目指す授業デザイン」[3]と定義し、「焦点化」「視覚化」「共有化」を重視します。「焦点化」で授業の狙いや活動を絞り、「視点化」で視覚的な手掛かりを効果的に活用し、「共有化」では話し合い活動の組織化を狙っています。UD授業を徹底してもはみ出る子どもにはRTIモデル（Response To Intervention）[4]を用いつつ、通級などの場で個別指導を行うことを推奨しています。

　UDL研究会は、米国のCAST（the Center for Applied Special Technology）が提唱するUDL（Universal Design for Learning）[5]という指導のフレームワークの活用と実践をめざしています。UDLでは「人は

ha/page22_000899.html（2020/02/29 アクセス）

3　桂聖（2010）「授業のユニバーサルデザイン」とは何か」授業のユニバーサルデザイン研究会 桂聖・廣瀬由美子編『授業のユニバーサルデザイン』Vol.2, p. 33. 東洋館出版社.

4　アセスメントと指導とが連動した多層の予防システム。海津明子（2015）「RTIとMIM」（第23回大会特集：より効果的な支援をめざして―学習支援から等特別支援）『LD研究』Vol. 24 (1), pp. 41-51.

5　トレイシー・E・ホール、アン・アイヤー、デイビッド・H・ローズ（編著），バーンズ亀山静子（訳）（2018）『UDL 学びのユニバーサルデザイン』東洋館出版社.

１人ひとり違う、脳は１人ひとり違う、だから学び方も１人ひとり違う」というように、教育現場は異なった背景や学習のスタイル、能力差のある個人によって構成されていることを前提にしています。違うことが当たり前なのだから、そうした個人のあり方を変えようとするのではなく、カリキュラムに存在する「障がい」に焦点を当て、学習理解度や理解の方法に応じて進度や教材を変更し、選択肢を子どもたちに与えることが大きな特徴です。こうした授業の UD や UDL のような取り組みは、これから通常学級全体や教科ごとのユニバーサルデザインを考える際に大いに参考になるでしょう。

　一方、ユニバーサルデザインの授業が「１つの型にはまったもの」として広まることを危惧する声もあります[6]。ユニバーサルデザインの授業を実施して何かが「できるようになること」を成果として高く評価することは、「できない」という状態も生み出します。「できることだけを追求することは子どもを追い詰めることにつながる」こともあるため、「できる」「できない」以外にも価値があること、「考えることの楽しさを伝える」こと、「違いを尊重し、つながりを目指す授業を展開すること」など、教員が「自分たちの子ども観・教育観を自覚し問い直すこと」(赤木, 2017) を大切にするよう呼びかけています。学校という場で、どのようにすれば「すべての子ども」が共に学び合えるのか、教員が手探りで考え、追求していく姿勢が重要です。

2 … 教科におけるユニバーサルデザインについて

　教科ごとの学習においては、教科固有の難しさなどを反映しながらユニバーサルデザインの考え方を実現していく必要があると考えています。これまで「授業についてくるのが難しい」と思われていた子どもでも、すべての教科、すべての授業で同じようにつまずいているわけではありません。また、１つの教科でも様々な活動があり、得意な活動と苦手な活動は子どもによって異なります。英語では、「リスニングは得意なのに、リーディングは全くできない」「知識は十分にあるのに、グループワークや発表

6　赤木和重 (2017)「ユニバーサルデザインの授業作り再考」『教育』２月号, pp. 1-8. かもがわ出版.

（コミュニケーション）を極端に嫌がる」など、できることとできないことの差が極端な場合、障がいが疑われることもあります。筆者は学習障がい児への指導を通して、同じ“学習障がい”という診断名で読み書きが苦手といっても、読めるのに書けない、読むスピードは遅いけれど理解力は高い、文字がバラバラになってしまうなど、得意不得意には大きな差があることを体験を通して学んできました。

　そのことに加えて、中学生の好きな科目を調べてみると、英語の人気は9科目中8位とかなり低いだけでなく[7]、その約半数は「学習するのが嫌い」[8]という結果になっています。その理由は何でしょうか。今から先、英語学習を改善していく必要があるのならば、その対象は“障がいのある生徒”だけでなく、何はさておき、すべての生徒を対象にした改善であることが望ましいと考えています。教科学習のどこが負担となって、学習が難しい、その原因は何なのか等を見直すことが必要です。

　英語は日本語よりも読み書きの習得が難しい言語[9]ですが、筆者は「重度の学習障がいと診断された子どもが英語圏の学校で学力が向上していく」という例を幾度となく目にしてきました。

　日本では重度の学習障がいと診断され、英語圏の中学校に留学したKさんのケースをご紹介しましょう。Kさんは就学前には生活に関してはほとんど問題はなかったそうですが、入学直後から国語と算数で大きくつまずきました。文字が覚えられず、漢字の宿題を泣きながらする夜が幾日も続いたとのことです。どんなにがんばっても親子の懸命な努力が実を結ぶことはなく、何もかも諦めていました。一縷の望みを留学に託しました。親子が離ればなれに暮らすことになりましたが、留学後はというと、「授業が楽しい」「成績が上位に入りました」「もうディスレクシアがないと言われま

7　酒井英樹 (2009)「中学生の英語学習状況と学習意欲」『第1回 中学校英語に関する基本調査報告書』pp. 50-57. ベネッセ教育総合研究所. https://berd.benesse.jp/berd/center/open/report/chu_eigo/hon/pdf/data_06.pdf (2020/04/26 アクセス)

8　文部科学省 (2017)「平成29年度英語力調査結果（中学3年生）の概要」https://www.mext.go.jp/a_menu/kokusai/gaikokugo/__icsFiles/afieldfile/2018/04/06/1403470_02_1.pdf(2020/04/26 アクセス)

9　第4章第3節を参照のこと

した」と、明るい声で子どもの変化の報告が保護者の方から続きました。どういうことなのか大変不思議に思ったものです。中学を卒業した後はレベルの高い現地の進学校にも進学し卒業したそうです。学習障がいはどうなってしまったのでしょうか。

　逆に、障がいの疑いもなく小学校在学中は学年でもトップクラスの成績だった子どもが、進学した私立中学校で英語の成績が振るわなかったため、親子で悩み苦しみ鬱状態になったり、不登校になったり、退学する事例が毎年のようにあるのも事実です。このことをどう考えればいいのでしょうか。

3 … 英米でのユニバーサルデザインデザイン化された授業

　「日本で重度の学習障がいと診断された子どもが英語圏の学校で学力が向上していく」というようなケースを何度か見聞きしたことで、英語圏の小中高校ではどのような指導が行われているのかに関心を持ち、調べるようになりました。ESL（英語を母語としない留学生が履修する科目）ではなく、幼児から小学校低学年で国語（英語）の導入期の指導がどのように行われ、カリキュラムがどのように構築されているのか、その背景理論は…等について、文献調査だけでなく現地の学校にも足を運びました。そのうち、読み書き指導については日本の英語教育とは考え方や進め方が大きく異なることに気づきました。その違いは、科学的根拠に基づく発達の段階性を考慮したカリキュラム、プログラム、教材、そして個別のニーズに対応しながら授業のユニバーサルデザイン化を進める姿勢ではないかと感じるようになりました。

　筆者は2011年にハワイ州の特別支援学校を含め数カ所の小中学校を訪問しました。「何か特別な指導法があるに違いない」と意気込んで見学に向かったのですが、支援の多くは「当たり前」のこととして取り入れられており、特別ではなくなっているということに驚きました。書字が苦手な子がワープロを使っていたり、落ち着きのない子がバランスボールに座って授業を受けるなど、「その子どもに必要だから」と当たり前のようにクラスに受け入れられていました。リーディング授業で使用するプリントなどもレベルごとに3種類くらい用意されており、同じクラス内でも各自

自分が選んだプリント課題をしていました。教員がそれを普通のこととして行っているため、「特別なことをしているのか」という質問をしても、不思議そうに見返されたり、会話がちぐはぐになりました。「説明するまでもないでしょう、子どもはみんな違いますからね」という態度です。

　カリキュラムでも同じです。ディスレクシア対応に関しては、つまずきが生じやすい領域とその原因について十分に検証を行った科学的根拠に基づくプログラムがあり、多くの論文や教材もあります。予測されるつまずきを回避するための実施可能な工夫を通常学級で行い、それでも不十分であった場合は、個別に配慮することで対応しています。個別の支援について、児童生徒のつまずきがどのようなものであっても、各々の段階で受け止める環境があります[10]。

　日本と英米では事情が違うことを考慮したとしても、取り組む前から「特別支援をどうしようか」と考えるのではなく、まずは子どもたちの「違い」が学習のつまずきにつながらないよう工夫すること、さらに、科学的な根拠に基づく指導を通常学級で実施し、指導の網の目を細かくして落ちこぼしを減らすことこそが大切ではないでしょうか。具体的な取り組みの進め方としては、英米の実践などを参考に、次のようなステップが考えられるでしょう。

（1）つまずきの把握
　　全員を対象にどのようなつまずきが生じているのかを分析する。アルファベットの定着は全員ができているか、リスニング、会話、書字が苦手な子どもたちはどの程度いるかの把握。
（2）対応の検討
　　（1）で把握したつまずきの原因がどこにあるのかを探り、わかりやすい授業を工夫する。先行研究や事例を参考に、柔軟な対応を取り入れた授業を実現するための指導案を作成する。全員に同じやり方をするのではなく、子どものつまずきに合わせて、個別対応をする。

10　文部科学省（2019）「諸外国における特別支援教育の状況について」『新しい時代の特別支援教育の在り方に関する有識者会議資料 3-2』https://www.mext.go.jp/content/1421964_3_2.pdf（2020/03/05 アクセス）

（3）個別の支援

必要に応じて専門家の助言を得たり、教員間で情報を交換しながら、個別に配慮をしたり支援をする。ここでは後に述べる合理的配慮も視野に入れ、個々人に合わせた支援をすることで、よくわからないといった気持ちを感じさせないようにしていくことが目標。

数年前のアメリカのTVドラマ『スコーピオン』[11] で、10才の自閉症の男の子が登場するエピソードがありました。その子には知覚過敏があり、言葉が話せないという設定です。耳にはノイズキャンセリングのイヤーマフをし、手には会話のためのタブレットを持っています。彼は自分の苦手なことと同時に、できることも理解しており、周囲の状況も把握しています。話せなくてもコミュニケーションツールを使って、授業に参加していました。ドラマの話の筋はかなりエキサイティングでしたが、その子の様子に目が釘付けになった筆者は、「このようなツールが教室で当たり前に使えるなら、クラス全員と一緒にいろいろなことに参加できるのだなあ」と、授業見学をさせてもらった気持ちでした。

昨今のICTの技術や普及ぶりを見ると、このような障がいに対する調整や配慮は日本でもこれからもっと教育現場に取り入れられるのではないでしょうか。「個別の配慮はできない」と言う前に、できなくさせているのは何か（規則なら誰のための規則か、慣習ならそれは守るべきものなのか）を改めて見直し、子どもたちの学ぶ機会を最大限に保障する方向で、管理職、保護者、当事者が相談し、「こうすればできる」を増やしていくことが大切です。

4 … バリアフリーとユニバーサルデザインの違い

バリアフリーとユニバーサルデザインは、両方ともよく使われる用語ですが、ここで改めて違いについて整理をしておきましょう。バリアフリーのバリアとは英語で障壁（barrier: 壁）という意味です。バリアフリーと

---

11 『Scorpion』は2014年から2018年まで放送されたアメリカ合衆国のTVドラマシリーズ。紹介したのはシーズン3（2016）エピソード4「母の思い」"Little Boy Lost"より。（2020/04/25 アクセス）

は、「生活の中で不便を感じること、様々な活動をするときに障壁になっているバリアをなくす（フリーにする）こと」と定義されています[12]。ユニバーサルデザインとは「予め、障がいの有無、年齢、性別、人種などにかかわらず、多様な人が利用しやすいように都市や生活環境をデザインする考え方」です。

　インクルーシブ教育実現のためには、この2つの考え方を理解し、問題の解決や回避のために用いることが大切です。たとえば、学校という環境で子どもたちが通学や学習活動に参加することを難しくしているものがあるとすれば、それが「バリア」だと考えられます。わかりやすい例では、車いすの子どもが学校の入り口に段差があって上がれないとしましょう。その場合、段差をなくしてスロープをつけることはバリアフリーになるでしょう。一方、学校の設計段階からスロープをつけたアプローチにし、エレベーターも設置しておけば、車いすの子どもだけでなく、足の怪我や何らかの必要性がある子どもも移動がしやすくなると考えるのがユニバーサルデザインです。

　授業も同じです。学習のバリアとなっているものがあれば、それをどのように取り除けるか、あるいは、最初から多くの子どもたちが参加しやすい形にできないのか、という両方のアプローチから考えると良いでしょう。問題解決の方法は、子どもの側だけではなく、周囲の環境にもヒントが多くあります。「A君の問題」と考える前に、「A君がこのような困った状況にあるのは、環境がそうさせているのかもしれない」という視点を持つことが大切です。これは次に述べる「障がいの社会モデル」の考え方とも合致しています。

12　内閣府 (2018)「知っていますか？ 街の中のバリアフリーと「心のバリアフリー」」
http://www.mlit.go.jp/common/001264931.pdf. (2020/1/15 アクセス)

第3章

障がい者の権利と合理的配慮

1 … 障がいの社会モデル

　障がいの定義はこれまで「障がいは病気や外傷等から生じる個人の問題で医療を必要とする」という「医学モデル」を反映したものでした。一方、「障害者の権利条約」では、「障がい（障壁）を作っているのは社会であり、それを取り除くのは社会の責務である」という「社会モデル」の考え方に基づいています[1]。

　学校においては、「つまずいている子どもたちの問題」ととらえるのではなく、これまでの基準では対応が不十分な子どもたちがいる、という想像力を持つことが大切です。「授業に集中しなさい」と言う前に、なぜ集中できないかを考え、集中できる環境が整えられているだろうかと考えることが思いやりです。そして、学びを提供する側が必要な配慮をすることで、参加できていた子どもたちだけでなく、これまで参加が難しかった子どもたちも一緒に参加できることをめざしましょう。「どうすれば参加できるのか」という観点から、教室全体を見渡してみましょう。

2 … 合理的配慮

　「障害者の権利に関する条約」の締結に向けた国内法整備の一環として、「障害を理由とする差別の解消の推進に関する法律」（2013）が制定されました[2]。合理的配慮はインクルーシブ教育システム実現には不可欠で

1　内閣官房（2017）「誰もが暮らしやすい社会を目指して〜心のバリアフリーの理念を理解する」https://www.kantei.go.jp/jp/singi/tokyo2020_suishin_honbu/ud2020kaigi/kento_dai4/betten4.pdf （2020/4/15 アクセス）

2　「障害を理由とする差別の解消の推進に関する法律」は平成 25（2013）年 6 月 26 日に公布され、平成 28（2016）年 4 月 1 日に施行となりました。

す。障がいのある子どもの教育における取り組みも、「障害者差別解消法」に基づいてなされます。

　合理的配慮は、英語では "reasonable accommodation" で、reasonable は「妥当な」「筋が通った」という意味です。文部科学省は「合理的配慮」を以下のように定義しています[3]。

> 障害のある子どもが他の子どもと平等に「教育を受ける権利」を享有・行使することを確保するために、学校の設置者及び学校が<u>必要かつ適当な変更・調整</u>を行うことであり、障害のある子どもに対し、<u>その状況に応じて</u>、学校教育を受ける場合に個別に必要とされるもの
>
> （下線は筆者）

「合理的配慮」を実施する際の"配慮"といっても、どんな配慮でもいいというわけではありません。それが reasonable であること、すなわち、子どもが直面している困難やその環境に応じて、その困難を取り除くために必要かつ適切な変更や調整を行うことが重要です。また、accommodation には調節したり、便宜を図ったり、用立てたりといった具体的な動作を伴う意味があります。要はその子どもの状況に応じた具体的な変更・調整が「合理的配慮」です。

　子ども1人ひとりの学びを保証するための合理的配慮は、以前にも増して対応が求められるようになるでしょう。しかし、実際にそうした対応を求められたとき、「この配慮は、正しいのか、実施してもいい内容だろうか」など、迷うことがあるかもしれません。そうした場合の1つの目安として、Kormos と Smith[4] によるフローチャートは参考になるでしょう（図1参照）。このフローチャートでは、「配慮」と「手立て（modification）」

3　文部科学省 (2012)「共生社会の形成に向けたインクルーシブ教育システム構築のための特別支援教育の推進（報告）」中央教育審議会初等中等教育分科会.

4　Kormos, J. & Smith, M. A. (2012) *Teaching Languages to Students with Specific Learning Differences*（コーモス J. & スミス M.A. 竹田契一（監修）飯島睦美・大谷みどり・川合紀宗・築道和明・村上加代子・村田美和（訳）(2017)『学習障がいのある児童・生徒のための外国語教育―その基本概念、指導方法、アセスメント、関連機関との連携』明石書店.）

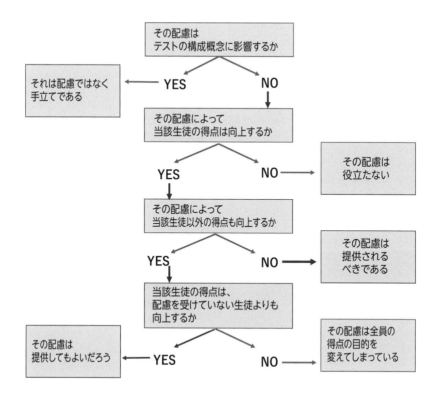

図1　合理的配慮に関するフローチャート

を区別しています。配慮は対象となる個人や一部のグループのみに影響を
与え、「手立て」はすべての生徒に同じように影響を与えると考えられて
います。配慮をすることで、対象となる生徒以外にはそれほど影響を与え
ることはなく、対象となる生徒のわかりやすさが増し（あるいは参加・ア
クセスが可能になり）、テストでの点数が上がるような支援であれば、そ
れは必要な支援だと考えられます。わかりやすい例が時間延長です。いく
ら時間を延長しても、知識がなければ正答できません。しかし、情報処理
に時間がかかる生徒にとっては、十分な時間が与えられれば正答率が向上
する可能性が高まります。同じように文字の拡大や、フォントの変更など
も、見え方に困難のある生徒に対しての合理的配慮だと言えるでしょう。
　このような考え方が広く浸透していけば、受験生の公平性を担保するた

め、民間テストでも合理的配慮を導入する動きがますます進むことが予想されます。海外の統一テストで実施されている配慮について一覧にまとめたものが表1です（Kormos, 2012）。

表1　テストにおける合理的配慮の例

	Cambridge ESOL	TOFEL IBT	Pearson Educational Test
代読者		✓	✓
透明色つきシート	✓	✓	✓
ワープロ	✓	✓	✓
問題用紙への解答記入	✓	✓	✓
代筆者	✓	N/A	
時間延長	✓	✓	✓
監督者つき休憩	✓	✓	✓
個別の試験監督			✓
プロンプター			✓

　この表から、「透明色つきシート」「ワープロ」「問題用紙への解答記入」「時間延長」「監督者つき休憩」は、すべてのテストで実施されていることがわかります。「透明色つきシート」は、クリアフォルダーの片面に色がついたようなもので、紙面の上に置いて使います。人によっては白い用紙では見にくかったり、集中しづらいなどという困難さがあることから、すぐに実施できる配慮として導入されています。「ワープロ」は、書字に困難を感じる受験生の労力を軽減します。ワープロが使えなければ代筆者を認めているテストもあります。「問題用紙への解答記入」は、別紙に解答を書き込むのではなく、問題用紙に直接記入可ということです。この配慮により、書く箇所を間違えたり、処理速度の遅い受験者の負担が減ります。「時間延長」は主催側に過度の負担が少ないので導入しやすく、別室での受験が認められることもあります。「代読者」とは読むことに困難がある（弱視含む）場合、代わりに読み上げてくれる支援者のことです。
　こうした配慮が意味するところは、試験の目的が知識・スキルの測定であれば、それ以外の要素（読む、書く、時間制限）に困難を抱える受験者

にそれぞれ必要な変更や調整を行い、受験者の本来の能力を最大限に発揮させ公正に測定しようという姿勢の表れです。日本でも、英語試験のIELTSやGTECは座席の指定や別室受験、時間延長、代読などの配慮を行っていることをウェブサイトに明記しています[5]。

3 … 「配慮」と「手立て」

　具体的な例で考えてみましょう。小さい文字だと読む速度が遅くなったり文字が重なって見えるため、読み書きがつらい状況にある子どもがいたとします。あなたは、その子どもが文字が拡大されたプリントであれば、楽に読めるということに気づきました。そこでプリントやテストなどの文字を拡大したものを使うことにしました。これは「配慮」でしょうか、「手立て」でしょうか。

　文字を拡大してプリントやテスト問題を作ったとしても、他の子どもの成績に大きな影響を与えるとは考えられません。したがって、文字を拡大することは該当する子どもにのみに効果がある合理的な配慮だと言えるでしょう。

　一方、書字が困難な子どものいるクラスでは、テスト問題をすべて筆記形式にしていましたが、知識を問う問題などの一部をマークシートに変更することにしました。これはテストの妥当性や公正性（何を測りたいのか、その手段は適切か）にも関わる問題ですが、知識を問うのに筆記問題にする必要があるのか、マークシートという代替手段でも測れるのではないのかなど、検討する必要があります。子どもたちの到達度や習熟度をマークシートでも同じように測ることができるのなら、問題形式の変更は「手立て」となります。この「手立て」はターゲットの子どもだけでなく、グレーゾーンにいる多くの子どもたちにとっても「わかりやすくなった」という感想が時に得られることもあります。もし、スペリングの正確

5　IELTS（2019）「障害のある受験生への特別措置」https://ieltsjp.com/test-guide/special-requirements/（2020/04/26 アクセス）
GTEC「障害等のある受験生への合理的な配慮　配慮内容例」http://www.mext.go.jp/component/a_menu/education/micro_detail/__icsFiles/afieldfile/2019/08/26/1420235_10.pdf　（2020/04/26 アクセス）

さや知識を測定したいのであれば、新たな項目を設けて書かせることも可能でしょう。

　子どもが学校に通学すること、学びに参加すること、公正な評価を得ることは権利として守られています。しかしながら、「他の子どもにとっては不公平だから、このような特別の配慮はしません」といった門前払いもよくあると聞きます。これは公平さと公正さをはき違えています。すべての生徒が同じように参加できる「公正性」を担保することが何よりも大切です。

　図2は、「平等・公平・公正」の違いを表しています。左端の図では、皆が同じ条件でスポーツ観戦に参加している様子を表しています。1人につき箱が1つ与えられ、「平等」な手立てが与えられている状態と言えます。しかし、全員が活動に参加できているわけではありません。参加できていない子どもは、そのまま放置されています。

　真ん中の図では、参加に必要な数の箱が与えられました。各自に異なる支援がなされ、参加の機会が「公平」になったと言えるでしょう。この追加の箱が、個別の支援や合理的配慮になります。右端の図では、そもそも参加を難しくしていた壁がなくなり、全員が活動に参加できるようユニバーサルデザイン化された状態です。不平等の原因となっていた構造的バリアを取り除いた状態が「公正」である、というメッセージです。このように、「同じように対応する」だけでなく、個別の配慮を行ったり、そもそもの障壁をなくし「全員が参加できる」よう工夫することが重要なのです。

図2　平等・公平・公正さ (Equality, Equity, Justice)

授業におけるユニバーサルデザインの具体例

　小学校 5 年生の A 君は読み書きだけでなく、注意・集中にも困難がある
と診断されていました。特に、漢字やアルファベットは文字のバランスが悪
く、読みづらく、練習しても整った文字は書けません。授業中はぼんやりし
ていたり、授業で先生に当てられても聞いていないことが多かったり、忘れ
物を注意してもなくならないため、担任の S 先生も困っていました。そこで
A 君の様子をよく観察してみると、あることに気づきました。そして授業の
後に次のような質問をしてみました。

　S 先生：A 君、授業中に板書するとき、先生の説明は聞いてる？
　A　君　：書くときは、先生の言うことは何も聞こえてないよ
　S 先生：文字を書くのはつらいかな？
　A　君　：がんばってもうまく書けなくて悔しい

　S 先生は A 君が黒板の文字を書き写す（苦手な作業）ことに精一杯で、大
切な説明をしても「聞こえていない」ことに気づきました。そのため「授業
がわからなく」なり、「ぼんやりとしてしまう」ことや、書き写しという簡
単そうに見える作業であっても、A 君は負担を感じていることに気づきまし
た。S 先生は、「A 君の他にも板書を書くことに必死で、説明を聞くことが
できない子どもたちがいるかもしれない」と思い当たり、重要部分は空所
を埋めれば完成するような工夫をしたプリントを予め用意しました。子ども
たちからは「先生の話に一層集中できるようになった」「大切なところがよく
わかるようになった」等のフィードバックを得られました。
　A 君のような子どもは珍しくありませんし、黒板の文字をノートに写すこ
とすら困難な書字障がいの子どももいます。A 君のケースでは、担任が子ど
もとの対話で指導の改善につながるヒントを得たことが大きなポイントだっ
たと思います。子どもたちをよく観察し、相互の信頼関係に基づいた合意の
上で試行錯誤を繰り返し、より適切な指導方法を見つけ出すことが指導者に
求められていると思います。

第4章

発達障がいについての基礎知識

1 … 発達障がいの特徴

　発達障がいに関する基礎的な概要を整理してみましょう。最近ではそれぞれの特性ごとの詳しい情報や書籍なども簡単に入手できるようになりました。本書の解説は、『日本 LD 学会 LD・ADHD 等関連用語集 第2版』[1]、『理解する―発達障害ってなんだろう？』[2]、『DSM-5 精神疾患の診断・統計マニュアル』[3] を参考にしています。

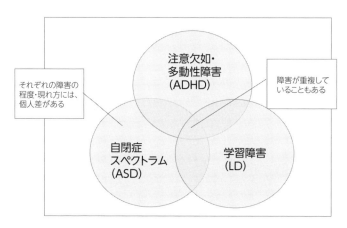

図1　発達障害の概念図

1　日本 LD 学会（編）（2006）『日本 LD 学会 LD・ADHD 等関連用語集・第2版』日本文化科学社.

2　政府広報オンライン『理解する―発達障害ってなんだろう？』
https://www.gov-online.go.jp/featured/201104/contents/rikai.html

3　American Psychiatric Association（著）、日本精神神経学会（日本語版監修）（2014）
『DSM-5 精神疾患の診断・統計マニュアル』医学書院.

●注意欠如・多動性障がい
（ADHD：Attention Deficit Hyperactivity Disorder）

ADHD の基本的特徴は、不注意と多動性、衝動性です。

〈不注意〉

気がそれることが多く、集中し続けたりすることが困難。ケアレスミスが多くなったり、言うことを聞いていないように見える。理解力の欠如や反抗ではない。

〈多動性〉

その場の要求に合わせて自分の行動をコントロールできない状態。じっと座っていられない、やたらそわそわしたり何かによじ上ったりする。何かをトントン叩く、他人が疲れるほどしゃべり続けたりすることがある。

〈衝動性〉

思いつくとすぐに行動することが多い。相手の質問が終わる前に答えたり、ゲームなどの順番を待てない、会話の途中で割って入る、突然道路に飛び出すなど危険な行動をすることもある。

●自閉スペクトラム症 / 自閉症スペクトラム障がい
（ASD：Autism Spectrum Disorder）

アメリカ精神医学会の『精神障害の診断と統計マニュアル』（Diagnostic & Statistical Manual of Mental Disorders; DSM）である DSM-4 では、自閉症障がい、アスペルガー障がい、小児期崩壊性障がい、レット障がいの５つが特定不能の広汎性発達障がいと呼ばれていました。その後、2013 年に公開された DSM-5 において、すべて自閉スペクトラム症という障がいにまとめられました。

自閉スペクトラム症は境界線が曖昧で、軽度な人から重度の知的能力障がいのある人、コミュニケーションが困難な人など様々です。中核的な症状には「社会的コミュニケーションの障がい」と「限定された反復的な行動」の２種類があります。

〈社会的コミュニケーションの障がい〉

相手の気持ちを想像して応対したり、その場の雰囲気を読み取ること

が苦手な傾向がある。そのため、思ったことを無遠慮に伝えたり、空気を読まずに場にそぐわない行動をしてしまう。周囲や友だちの気持ちを無自覚で傷つけたりすることがあり、人間関係を築くことが困難になりがち。

〈反復的な行動〉

スケジュールのように予め決められた環境では安心して行動できる反面、変更を指示されると混乱し、パニックを起こすことがある。好きなもの、興味のあるものには時間を忘れて没頭し、強い愛着を示すことがある。同じ色や同じ肌触りの服を着たり、同じ物を食べることにこだわったりする。おもちゃなどを一列に並べたり、叩くなど単調な使い方をすることがある。

●限局性学習障がい（学習障がい；LD：Learning Disability）

DSM-5から学習障がいは限局性学習障がい（SLD: Specific Learning Disability）と呼ばれるようになりました。なかなか周囲に理解されにくく、「怠けている」「やる気がない」と誤解されがちで、支援もされず放置されるケースもあります。周囲の気づきが何よりも必要です。

文部科学省の定義では、学習障がいは「基本的には全般的な知的発達に遅れはないが、聞く、話す、読む、書く、計算する、または推論する能力のうち、特定のものの習得と使用に著しい困難を示す様々な状態を指すもの」[4]であり、その原因として「中枢神経に何らかの機能障がいがある」とされています。

〈読むことが難しい場合、次のような症状が見られることがある〉

・逐次読み（1文字ずつの拾い読み）
・読み誤りが多く、読むのに時間がかかる
・文字や言葉を抜かして勝手読みをする
・行を読み飛ばしたり、読み返していても気づかない
・音読すると意味がわからなくなる
・文章になると意味がわからなくなる

4　文部科学省（1999）『学習障害児に対する指導について（報告）』https://www.mext.go.jp/a_menu/shotou/tokubetu/03110701/005.pdf（2020/05/25 アクセス）

〈書くことが難しい場合次のような症状が見られることがある〉
- ・文字を思い出せなかったり、思い出すのに時間がかかる
- ・文字の形を間違えたり大きさが揃わない
- ・短い文でも単純な文法を間違える
- ・何度教えても句読点などを忘れる

2 … 発達性ディスレクシア（dyslexia）

　ディスレクシアは現在の日本では未だに十分認知されていませんが、英語教育に関わる人であれば誰でも知っておかねばならない言語の障がいです。その特徴は、知能や視覚、話す能力には問題がないのに、文字の読み書きに困難さが現れることで知られています。知的能力の低さや勉強不足と関係はありません。ディスレクシアは「読み」の困難ですが、読むことが難しければ「書く」ことも難しくなるため、「読めないから、書けない」と言えます[5]。事故や病気などで読み書きが困難になるような後天性のディスレクシアと区別するため、生まれつきの先天的なディスレクシアは「発達性ディスレクシア」、「発達性読み書き障がい」と呼ばれます[6]。欧米では19世紀末に報告されて以来、読み書きの障がいとして広く認知されるようになりました。調査ごとに数値に多少の違いはあるものの、英語圏においては 10 〜 20% の高い頻度で出現し、英語圏で LD と診断された子どもたちの約 8 割をディスレクシアが占めるとも言われています。しかし、その実態は一様ではなく、個人によって現れ方や困難さの程度も大きく異なります。

　LD が「算数」などの領域も含むのに比べ、ディスレクシアは「読み書き」に範囲が限定されます。その特徴について、国際ディスレクシア協会（IDA）[7]や英国ディスレクシア協会[8]のウェブサイトを参考に筆者がまと

5　品川裕香 (2020)『怠けてなんかいない！ 読む・書く・記憶するのが苦手な子どもたちが英語を学ぶとき』岩崎書店.

6　発達性ディスレクシア研究会ウェブサイト. http://square.umin.ac.jp/dyslexia/ (2020/04/26 アクセス)

7　International Dyslexia Association ウェブサイト. https://dyslexiaida.org (2020/04/26 アクセス)

8　British Dyslexia Association ウェブサイト. https://www.bdadyslexia.org.uk

めたものが次のリストです。ただし、困難さの現れ方はそれぞれ違いがあり、これらの症状が1人の子どもにすべて現れるのではありません。

〈英語の読み習得時に現れる特徴〉

- 読んだり書いたりすることが遅く、不正確（文字や数字の左右上下が反転する）な書き方をすることが多い
- 音と文字をつなげるといった最も基本的な言語システムに弱さを抱えている
- 単語を音声化して読むというよりは、文脈に頼った読み方をする
- at、to、ofなどの小さな単語を読み損なったりする
- 単語のスペリングがとても困難
- 黒板の文字を写すのが遅い
- 文字が整わない
- 指示文や電話番号などを何度も聞き返す
- 外国語学習が極めて困難

　ディスレクシアには大脳機能が関係すると考えられています。特に英語習得では、音韻の処理障がいとの関連が指摘され、文字とその読み（音）の対応の自動化の習得が難しくなると言われています。最近ではサポート体制も整えられ、ディスレクシアの早期発見と早期対応が可能となっています。

　近年、欧米では多くの著名人がディスレクシアであることを公表する動きが広まっています。Tom Cruise（俳優）、Orland Bloom（俳優）、Keanu Reeves（俳優）、Richard Branson（ヴァージン・グループ創設者）、Jack Horner（古生物学者）、John Irving（作家）らが知られています。2012年にはSteven Spielberg（映画監督）がカミングアウトし、話題になりました。YouTubeなどで検索すると彼らが実際に子どもたちに向けて話しかけるメッセージ動画などが見つかります[9]。同じ苦しみを抱える子どもたち

（2020/04/26 アクセス）

9　たとえば、Jamie Oliver（料理家）. https://www.youtube.com/watch?v=MMMXtZXLrUA（2020/04/26 アクセス）, Orlando Bloom（俳優）. https://www.youtube.com/watch?v=hLTSPmoH2eE（2020/04/26 アクセス）など。

が彼らのメッセージによって励まされるきっかけにもなっています。

3 … なぜ英語圏ではディスレクシア出現率が高いのか

　興味深いことに、ディスレクシアは言語によって出現率が異なることが知られています[10]。認知心理学者のWydellとKondo(2003)は、英語と日本語のバイリンガルでディスレクシアのある生徒のケース・スタディを紹介しています[11]。16才の対象生徒は、父親がオーストラリア人、母親がイギリス人で、家庭では英語を用い、学校では日本語を使用するという環境で育ちました。読み書き困難が疑われたため検査をしたところ、日本語は大学生程度の漢字を読む力があったのに比べ、英語の識字能力と音韻意識スキルは、同年代の英語のネイティブスピーカーだけでなく、同年代の日本人学習者よりも大きく下回る結果となりました。このようにディスレクシアが片方の言語にしか現れず、「日本語（母語）での授業は問題がない（ように見える）のに、英語の学習が進まない」という困難の現れ方は日本だけの現象ではなく、イタリア語使用圏でも現れることが指摘されています[12]。しかし、なぜこのようなことが起こるのでしょう。

　WydellとButterworthは、言語の文字体系がディスレクシアの出現率に関係するとした「粒子性・透明性仮説」[13]で説明を試みています。それぞれの言語の特徴を、粒子性（1文字が対応する音の単位の大きさ）と透明性（文字と音の1対1の対応関係）によって位置づけ、ディスレクシアの起きやすさをその2つの要素の高低で説明しました。

　言語の音の単位は音素、音節、語の順に大きくなります。音の単位が小

10　宇野彰(2016)「発達性読み書き障害」『高次脳機能研究』36 (2), pp. 170–176.

11　Wydell, T. & Kondo, T. (2003) Phonological deficit and the reliance on orthographic approximation for reading: A follow-up study on an English-Japanese bilingual with monolingual dyslexia. *Journal of Research in Reading*, 26(1), pp. 33–48.

12　石井加代子(2004)「読み書きの学習困難（ディスレキシア）への対応策」『科学技術動向』https://nistep.repo.nii.ac.jp/?action=pages_view_main&active_action=repository_view_main_item_detail&item_id=5294&item_no=1&page_id=13&block_id=21 (2020/03/02 アクセス)

13　Wydell, T. & Butterworth, B. (1999) A case study of an English-Japanese bilingual with monolingual dyslexia. *Cognition* 70, pp. 273–305.

さくなるほど粒子性が細かくなり、文字と音の対応の規則性では1文字1音対応であれば透明性が高くなります。そして、粒子性が細かく透明性が低いほど文字と音の対応が複雑になり、習得が難しくなると考えられます。

　実は日本語は3種類の文字（ひらがな、カタカナ、漢字）を使っていますが、文字ごとに読み書き困難の出現頻度が違うことが報告されています。宇野彰等（Uno, et al., 2009）の調査では、音読（読み）の障がいは、ひらがな0.2%、カタカナ1.2%、漢字6.7%で、書字（書き）における障がいは、ひらがな1.2%、カタカナ2.1%、漢字6〜8%でした[14]。その理由として、かな文字は1文字に対して1音（「あ」と書いて /a/ と読む）が基本なので、文字と音の関係が明快なため、習得しやすいことが挙げられます。漢字は音読み・訓読みがあるだけでなく、固有名詞などによって読み方が様々で不規則なため、かな文字よりも透明性がはるかに低く、習得が難しくなると考えられます。

　一方、英語の場合は日本語とは少し事情が異なります。アルファベットに対応する音の単位は、音素という言語の最も小さい音韻単位です。かな文字に比べると粒子性が細かいため、難易度が高くなります。また、英語は文字と音の規則性が低く、例外が多いことで知られています。たとえば、even と egg では語頭の文字は同じ e でも、発音はそれぞれ [iː] と [e] のように異なります。文字と音の対応が不規則であるほど覚えなくてはならない情報が増え、習得には時間がかかります。同じアルファベットを用いている言語でも、スペイン語やイタリア語は文字と音の透明性が英語よりも高い（規則的）ため、英語に比べるとディスレクシアの出現率は低いと考えられています[15]。

　この仮説が指摘するもう1つの重要な点として、外国語として学習する際にも対象とする言語の特徴が習得の困難さやつまずき方に影響することが考えられます。英語圏のディスレクシア研究が示唆しているように、英語の基本的読み書き習得には英語の音韻処理や音韻意識のスキルが影響

14　Uno, A., Wydell, T. N., Haruhara, N., et al. (2009) Relationship between reading/writing skills and cognitive abilities among Japanese primary school children: Normal readers versus poor readers(dyslexics). *Reading and Writing* 22, pp. 755-789.

15　注12参照。

します。そのため、英語圏では幼児期から音韻意識の指導が重視されています [16]。日本人にとってかな文字読み書きの習得がさほど難しくないように見えるのは、学習の成果というよりはかな文字の持つ特徴のおかげと言っていいかもしれません。言語の読み書きを習得するために求められる認知レベルでのスキルは、言語によって異なっているのです。にもかかわらず、日本語と同じように教えたり、生まれつきその言語が要求する認知スキルの高い学習者だけを想定して指導すれば、多くの学習者が読み書き困難に陥ってしまうのは当然のことです。英語学習時には音素という日本人が意識することのない音韻単位、日本語では考えられないほど不規則な文字と音の対応にどう対処するのかといった視点が不可欠なのです。

16　本書第 2 部第 7 章「英国での読み書き指導」参照

第5章

ディスレクシアと英語の読み書き習得

1 … 単語の読みの習得ステップ

　ディスレクシアがなぜ英語圏に多いのかについて、Wydell らの仮説を読みの発達の段階から検証してきましたが、日本では音韻意識や文字と音の対応習得のための段階的指導がほとんどなされていないのではないかと感じています。読みの発達段階という観点から、単語読みの習得ステップについて Frith と Ehri の理論を紹介します。

　Frith(1985)[1]は学習初期におけるアルファベット言語の読みスキル習得の段階について、次の3つの段階があると述べています。

1. **ロゴグラフィック段階(logographic stage)**
　単語を図形としてとらえる段階。自分の名前や、McDonald'sなどのロゴは読めるが、音節はわからない。

2. **アルファベット段階(alphabetic stage)**
　単語を文字へと分解し、音韻化する段階。視覚的に認知した単語を文字へと分解し、その文字を音に変換し、音を組み合わせて単語の音韻表象(イメージ)を作る。たとえば、"pink"という視覚的なまとまりが、p、i、n、k という4つの異なる文字からできており、それぞれの文字には音が対応し、つなぐと単語になることがわかるようになる段階。明示的な指導を通してアルファベットの知識を習得し、十分な練習をすることで意識せずに使うことができるようになる。読み書き障がいを克服できる重要な段階でもある。

1　Frith, U. (1985). Beneath the surface of developmental dyslexia. In K. Patterson, J. Marshall, & M. Coltheart (Eds.), *Surface dyslexia*, pp. 301-330. London: Erlbaum.

3. 正字法段階（orthographic stage）

単語を 1 文字ずつ処理するのではなく、文字の連続体のような大きな固まりとしてとらえ、音節に変換することができる段階。

さらに、Ehri[2] は「アルファベット段階」を 4 つの段階（フェーズ）に分けて説明しています（図 1 参照）。

このようなステップを踏むことで、アルファベット文字を図形としてとらえる段階から、単語を音声化し、音節としてとらえることのできる段階へと進みます。日本の多くの学校で実施されている「単語を見て覚える」「全体を書き写して覚える」という手法は、漢字に対する指導法とまったく同じで、読みの習得としては Frith の図の「ロゴグラフィック段階」や「アルファベット段階」のフェーズ 1、フェーズ 2 止まりでしょう。ですが、英語はかな文字のように文字を音声化し、その操作スキルを身につけ

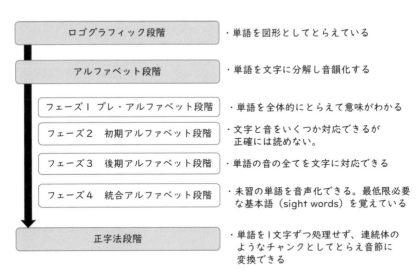

図 1　Frith と Ehri の読み習得の段階図

2　Ehri, L. (1999). Phases of development in learning to read words. In J. Oakhill & R. Beard (Eds.), *Reading development and the teaching of reading: A Psychological perspective*, pp. 79-108. Oxford, UK: Blackwell Publishers.

ることで様々に組み合わされた語が読めるようになります。そのために
は、すべての子どもたちが「アルファベット段階」を経て「正字法段階」
に到達できるよう、細やかな階段を作っていかねばなりません。単に文字
を知っているという知識だけでは不十分で、文字につなげる音の学びが鍵
となります。

2 … 音から文字へ：音韻意識

　これまでに何度も音韻意識や音韻処理という用語が使われてきました。
改めて音韻意識について詳しく説明していきます。表音文字[3]であるアル
ファベットは、文字が記号として音に対応しています。それはかな文字
も同様です。単語の読みは Frith と Ehri の単語の読み発達で示されたよ
うに、アルファベット文字を知る段階から自動化（学んだ知識を無意識に
使えるようになる状態のこと）の段階までにいくつかの過程を経ます。そ
もそも "ことば" は意味と音声が結びついたものだということを踏まえる
と、文字を音声化するという処理を経て、意味情報にアクセスし、「理解」
に至ります。外国語を学ぶ学習者にとっても同様で、文章や単語を見てす
ぐに意味がわかるのではなく、文字→音→意味という流れがあることを念
頭に置いて下さい。

　この流れの中の「音」に着目して説明をしたいと思います。「聞く力を
伸ばしましょう」とは学校現場でよく聞く言葉です。それは会話で相手の
話を聞いて理解することを意味していることが多いのではないでしょう
か。一方、読み書き習得では、言語の音声の分析的スキルである「音韻意
識」の獲得が重要だと言われます。音韻意識は音韻認識、音韻認知、音韻
知覚と同義ですが、本書では音韻意識を用いることとします。英語では、
phonological awareness です。"aware"（気づく）ということばからわか
るように、音韻意識は覚えて学ぶ知識というよりも、個人の感覚的、認知
的なスキルとして身につけていくものです。その定義は「単語の中の音
韻の単位に気づき、それらを操作する能力」（原, 2003）[4] で、「音の連鎖か

3　表音文字とは、1つの文字に音素または音節を表す文字。文字そのものに意味はな
く音価を表すことに用いられる。

4　原恵子（2003）「子どもの音韻障害と音韻意識」『コミュニケーション障害学』20 (2),

らなる語を言語学的な音韻的構成要素に分節化し、それぞれの語音を同定し、音の配列順序を把握し、さらには音の順序を逆にするなどの音韻操作を行うことのできる能力」(原, 2001, p. 10)[5] だとされています。

　言語の音韻意識が十分に育っていなければ、読み書きの習得にも影響します。小学校の国語の指導場面で、普通に会話ができる語彙力があるにもかかわらず、作文や書き練習の際に促音（っ）、撥音（ん）、長音（ー）などの特殊音節を含む語が苦手な子どもに気づくことはありませんか。「スコップ」という単語は知っているはずなのに、「すこぷ」と「っ」を忘れたり、「すっこぷ」のように位置を間違えたりします。文字の練習不足や理解力の低さが原因ではなく、音韻意識の弱さが関係しているかもしれません。「すこっぷ」を音読しても、実際にはどこにも「つ」という音はありません。その代わりに一拍分の無音の時間があります。拍は「モーラ」と言われる日本語の音節単位です。日本語環境で生まれ育てば、拍の感覚は小学校入学前後に自然に身についていきますが、生まれつき音韻単位をとらえることが苦手な人もいます。日本語の読み書きを身につけていくうえでモーラの感覚が弱ければ、文字だけで「ここには小さい"っ"が入るんだよ」と教えても同じ誤りを繰り返してしまいます。これは知識不足ではなく、日本語の文字に対応させる音韻の習得が不十分なことが原因で生じているため、音韻をしっかりと意識 (aware) させる指導が必要です。

3 … 音韻意識に関する研究調査

　音韻意識は読み書きの習得に関係があることがこれまでの研究でかなり明らかにされてきました。特に、ディスレクシア人口の多い英語圏では1980年代から音韻意識と読みとの関連調査が広く実施され、次のようなことが指摘されてきました[6, 7, 8, 9]。

　1.　音韻意識は読み能力に直結し、読み習得の成功を予測するスキルで

---

pp. 98-102.

5　原恵子 (2001)「健常児における音韻意識の発達」『聴脳言語学研究』18 (1), pp. 10-18.

6　Lane, H. & Pullen, P. (2004). *Phonological Awareness Assessment and Instruction*. Boston, MA: Pearson Education.

ある

2. 読みに重大な遅れがあると診断された子どものほとんどが、音韻処理に欠陥がある
3. 早期から触れていた言語体験は、その言語の音韻意識の発達を促す
4. 明示的で直接的な指導が音韻意識の習得に効果がある
5. 音韻意識とデコーディングは相互に関係し合うものの、音韻意識はデコーディングに先行する。フォニックスは読みだけでなく音韻意識の向上の手助けもするが、音韻意識の十分な発達なしにスムーズなデコーディングスキルを身につけることはできない

　これらの音韻意識に関する調査結果は英語圏では広く受け入れられており、読み書き指導に関する多くの研究で「科学の勝利の物語（A scientific success story）」と呼ばれ、指導介入によって大きな効果が得られる数少ない要素だと考えられています。次に、英語の音韻意識をもう少し詳しく見ていきましょう。

4 … 英語の音韻単位と操作

　英語の音韻は語、音節、オンセット - ライム、音素という単位に分けられます。フォニックスのように文字と音を対応させる指導の「音」とは、音素（phoneme）レベルの音韻単位を意味します。図 2 はオーストラリアのビクトリア州教育省が作成した音韻意識に関する資料[10]の一部です。図

7　Rack, J., Hulme, C., Snowling, M., & Wightman, J. (1994). The role of phonology in young children learning to read new words: The direct mapping hypothesis. *Journal of Experimental Child Psychology* 57, pp. 42–71.

8　Bruck, M., & Genesee, F. (1995). Phonological awareness in young second language learners. *Journal of Child Language* 22, pp. 307–324.

9　Stanovich, K. E., & Siegel, L. S. (1994). The phenotype performance profile of reading disabled children: A regression-based test of the phonological-core variable-difference model. *Journal of Educational Psychology*, 86, pp. 24–53.

10　Victoria State Government Education and Training (2020) Phonological Awareness. https://www.education.vic.gov.au/school/teachers/teachingresources/discipline/english/literacy/readingviewing/Pages/litfocusphonological.aspx (2020/04/26 アクセス)

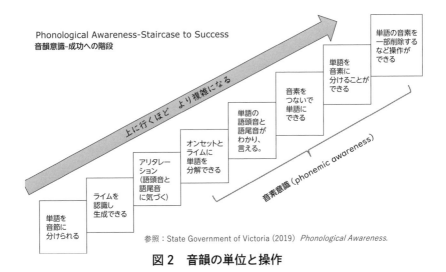

図2　音韻の単位と操作

に示されているように、英語圏では音韻意識は語や音節などの大きな単位から徐々に音素の細かな単位へ習得が進むと考えられています。また、音韻の単位や、その操作によって難易度が変わることも指摘されています。一般的には音韻の単位が大きいほど習得は容易で、小さいほど難しくなります。

　音韻の操作には「音（のまとまり）を小さく分ける」「音と音をつなぐ」「語の中の音を別の音に置き換える」「語の中の音を削除する」など種々あります。このなかでも、音をつなぐ操作は読みに、音を小さく分ける操作はスペリングに関連しています。図3に示すように、単語を読むためには文字をつなぐ、すなわち、文字の音をつなぐスキルが必要です。一方、聞こえた単語を書くためには、単語を音韻単位に分け、その音を文字に対応させるスキルが必要です。本書では、「つなぐ」という操作を「ブレンディング（混成する；blending）」、「小さく分ける」操作を「セグメンティング（分解する；segmenting）」と表現することとします。

　「文字を覚える」や「音が聞き分けられる」ことは大切ですが、単語が読める、書ける背景には、こうした操作がスムーズに行われていることが前提です。音韻感覚の高低などの生まれつきの個人差がそのまま学力格差にならないよう、全員がこれらのスキルを身につけられるよう手助けせね

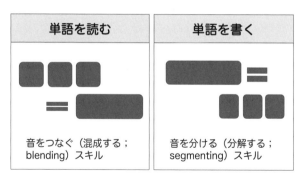

単語を読む	単語を書く

音をつなぐ（混成する；
blending）スキル

音を分ける（分解する；
segmenting）スキル

図 3　音韻のブレンディングとセグメンティング操作

ばなりません。

　では、音韻意識の指導はいつスタートすれば良いのでしょうか。年齢に
よる違いはあるのでしょうか。参考までに、英語圏の子の音韻意識の発達
について、5 才から 9 才 11 ヶ月までの児童を対象に半年ごとの変化をグ
ラフにしたものが図 4 です[11]。課題には音節、ライミング、オンセット -
ライム、音素[12]の単位の複数の操作が含まれます。

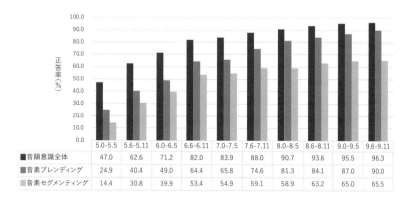

	5.0-5.5	5.6-5.11	6.0-6.5	6.6-6.11	7.0-7.5	7.6-7.11	8.0-8.5	8.6-8.11	9.0-9.5	9.6-9.11
■音韻意識全体	47.0	62.6	71.2	82.0	83.9	88.0	90.7	93.6	95.5	96.3
■音素ブレンディング	24.9	40.4	49.0	64.4	65.8	74.6	81.3	84.1	87.0	90.0
■音素セグメンティング	14.4	30.8	39.9	53.4	54.9	59.1	58.9	63.2	65.0	65.5

図 4　英語圏の年齢ごとの音韻課題正答率 (Robertson & Salter, 2007)

11　Robertson, C. & Salter, W. (2007) *Phonological awareness test 2 statistics manual.* Austin, TX: Proed.

12　音節・ライミング・オンセットライム・音素については、第 1 部第 5 章を参照。

音韻意識全体の発達をみると5才前半（0ヶ月〜5か月）の平均値は47.0%ですが、6才頃から向上し、9才頃には正答率も90%を超えてほぼ横ばいになります。しかし、注目すべきは音韻単位と操作課題によって正答率が異なるという点です。アルファベットの文字−音対応指導には英語圏ではフォニックスが一般的に用いられますが、そのためにはアルファベットに対応する音韻単位、つまり音素意識が獲得されていることが必要です。音素のブレンディングとセグメンティングの年齢ごとの変化を見ると、5才後半（6ヶ月〜11ヶ月）の音素ブレンディング課題平均正答率は40.4%、セグメンティング課題正答率は30.8%と、音韻意識全体の平均値よりも発達が遅く、6歳後半になってようやくブレンディングの正答率が50%を超えます。9才後半の音素ブレンディング課題正答率は90.0%ですが、セグメンティング課題正答率は65.5%と差があります。このことから、音素の操作、特にセグメンティングはネイティブの子どもたちにとっても大変難しく、小学校入学時の段階でも読み書きに十分な音韻意識が自然に獲得できているのは半数に満たないと言えます。これらの事実に基づいて、英語圏では読み書きは音韻意識の育成はもちろんのこと、小学校においても低学年はフォニックスを中心とした「読むための学び」（Learning to Read）期と位置づけ、基礎的プログラムを展開しています。このように、母語であっても、読み書きのレディネスを獲得するまでに時間がかかるのが英語の読み書きです。

　これらは英語圏の子どもたちを対象とした調査ですが、日本人英語学習者にとっても参考になる点は多くあります。音韻意識の獲得には年齢も要因として関わっていること、また、音韻の単位や操作によって習得の難しさが違うことなどは、これから音韻意識指導を取り入れていく際に心に留めておくべきポイントでしょう。また、日本語環境にある子どもたちを指導する場合には、母語の影響も十分に考慮する必要があります。

第6章

日本における英語の音韻意識指導

1 ··· 日本語の母語話者を対象とした音韻意識の調査

　読み書きにはいくつもの認知スキルが複雑に関わっているため、本章では日本語母語話者の音韻意識調査でわかったこと、文字との関係、ワーキングメモリ、そして学習のレディネスについて説明します。

　近年、英語を学んでいる日本人児童を対象とした英語の音韻意識の実態についての研究報告が増えてきています [1, 2, 3]。それらの報告に共通しているのは、「日本人が英単語を聞く際に日本語音節 (モーラ) でとらえる」ということです。たとえば、中学生を対象とした調査で「音素レベルでの処理が必要とされない日本語のような言語では、母語の音韻意識が英語の音韻意識の獲得に対して妨害的に働く場合がある (津田・高橋, 2014)」のように、母語が障壁となってしまうこともあるようです。具体的にはどのようなことでしょうか。

　英語音節の基本単位は「子音 (C) + 母音 (V) + 子音 (C)」です。ところが、日本語音節は「子音 + 母音」(CV) のように母音だけ、あるいは、子音と母音がセットになっているというように構造的な違いがあります。そのため、日本語母語話者が英語の音声を聞いたり書き写したりする際、存在しないはずの母音を最後に追加する傾向があります (たとえば、"bat" ([bæt]) を「バット」(bat<u>o</u>) のように言う。図1参照)。英語の単語を日

1　津田千春・高橋登 (2014)「日本語母語話者における英語の音韻意識が英語学習に与える影響」『発達心理学研究』25 (1), pp. 95-106.

2　池田周 (2015)「英語音韻認識技能の困難度に影響を及ぼす要因」『愛知県立大学大学院国際文化研究科論集』16, pp. 1-20.

3　池田周 (2016)「日本語を母語とする小学生の音韻認識—日本語音韻構造の影響」『小学校英語教育会誌』16 (1), pp. 116-131.

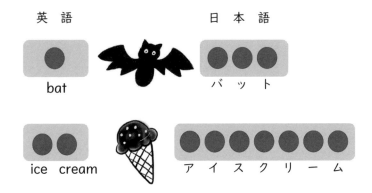

英　語　　　　　　　日　本　語

bat　　　　　　　　バ　ッ　ト

ice　cream　　　　ア　イ　ス　ク　リ　ー　ム

図 1　日本語と英語の音節のとらえ方の違い

本語の音節でとらえてしまうことは、「正しく読めない、書けない」困難につながる可能性につながります。

　幼児を対象とした英語の音韻意識調査[4]では、実際に存在しない単語（非単語）の反復テストを行っています。この手法では、既に持っている語彙の知識に邪魔されることなく、音声をどのようにとらえ、短期記憶に保管しているかなどを調べることができます。調査の結果、対象の幼児は英単語を聞く際に日本語母語音節の影響があることがわかりました。その後、指導による変化を調べるために、英語の音素、発音、歌などの音声活動も加えた半年間の多感覚音韻意識プログラムを実施し、改めてテストを行ったところ、非単語反復課題、英語の音節課題の正答率などが向上していました。さらに興味深いのは、指導を 1 年間継続したところ、英語の音素意識が向上しただけでなく、日本語の音節意識も向上したことです。日本人母語話者でも英語の音韻意識が習得できること、また母語にも影響を与える可能性が示された例と言えるでしょう。

　筆者も上記の結果を検証すべく、公立小学校で音節単位の音韻意識調査を行いました。2 年生に音節指導を 7 回実施し、指導の前と後では英語音節のとらえ方にどのような変化が生じるかを確認するため、1 音節から 4 音節の単語を用い、「いくつのリズムに聞こえるか」を数で答えるよう

4　湯澤正通・湯澤美紀 (2013)『日本語母語幼児による音声の知覚・発声と学習―日本語母語話者は英語音声の知覚・発声がなぜ難しく、どう学習すべきか』風間書房.

指示しました。たとえば、"dog"という単語は英語では1音節ですが、日本語の音節感覚ならド・ッ・グと3音節なので「3」と回答すると予想しました。指導前のテストの結果、すべての課題で「音節を正答よりも多く数える」傾向があり、そして、日本語の音節感覚が影響している可能性が考えられました。音節意識の指導後は正答率が向上しただけでなく、音節数を指導前より少なく回答した生徒が増えていたことから、音節のとらえ方に変化が生じたことがわかりました。指導の回数は10回未満と少なく、指示時間も10分程度と限られてはいましたが、指導の効果は得られると感じました。英語の音韻意識の単位は複数あるほか、フォニックスに必須と言われる音素単位の指導はこれから必ず日本の子どもたちにとっても必要だと思われます。それぞれの単位の導入順序やその効果的な指導方法については今後の研究に期待しています。

2 … 文字から音へ、音から文字へ

　単語の読みの処理プロセスの観点から、英語の音韻意識の習得の次は、読みの習得の段階に入ります。「読む」というと、通常は文章を理解することと思われます。ですが、ここでいう「読み」は、文字と頭の中に貯蔵された音韻表象（音のイメージ）とを結びつけ、1文字ごとに音韻変換して読む逐次読み的な段階を指しています。デコーディングとは符号（単語や文に含まれる文字）を音声化することです[5]。このようなデコーディング段階の読みが習熟するにつれ、音韻変換をすることなく単語の文字形態からの情報のみで意味の処理が可能になると考えられています[6]。読みは年齢と共に発達する認知力と文字の知識とが合わさって、自動化へと進みます。

　日本語のかな文字とは異なり、英語のアルファベットは名前と音の2つの読み方があります。文字の名前は"letter names"、文字の音は"letter sounds"のように区別して表現されることが多いようです。"A"のletter nameは[ei]、letter soundは[æ]です。本書では「名前読み」、「音読み」と呼んでいます。アルファベットは表音文字ですから、1つず

---

5 Rasinski, T. & Padak, N. (2013) *From Phonics to Fluency*. Boston, MA: Pearson.

6　小泉政利 (2010)「第6章 言語」村上郁也 (編著)『イラストレクチャー 認知神経科学』pp. 89-106. オーム社.

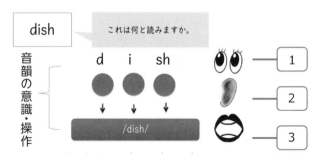

図2　文字の音声化　ディコーディング（decoding）

つ音声化すれば単語として読めるはずです。アルファベットの dog という語は名前読みでは「ディー・オー・ジー」となり、単語の発音とはかけ離れていますが、音読みをしてつなぐと [d]+[ɔ]+[g] で [dɔg] と読めます。

　文字と音をつないで読むために、音素意識の獲得が重要だということについて第5章の音韻意識の項で述べました。単語の読みにおける文字と音の関係は、図2のように示すことができます。たとえば、dish という単語を読むには、まず単語に含まれる文字を、"d"、"i"、"sh" の3つの部分として認識します（1）。次に、それぞれの文字が対応する音（音素）に変換します（2）。"d" は [d]、"i" は [i]、"sh" は [ʃ] です。最後に、頭の中で音素のブレンディング操作を行い、1つの音のまとまり（語）として発音します（3）。また、"dish" をこの手順で正しく音声化するためには、（1）の段階で「"sh" は2文字で1音を表す」という知識も必要です。もし知らなければ、1文字ずつ変換し「デ・ィ・ス・ハ？」のように誤って読んでしまうかもしれません。こうした文字と音の関係や規則性を学ぶには、英語圏では後述するフォニックスが用いられています。フォニックス学習によって1文字の単位でしか読めなかったものが、だんだんと2文字、3文字とつなぐこともできるようになり、読める単語も増えていきます。

　単語のスペリングはデコーディングとは逆の順序で処理が行われます。「/stop/（[stɔp]）を綴りなさい」と指示されると、まずは聞こえてきた音声を正しく音素の単位に分けることができなくてはなりません。次に、それぞれの音素を文字に変換して書きます（図3）。このように、音声を文字に変換する処理はエンコーディング（encoding）と呼ばれます。前述の音

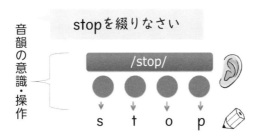

図3 音声を文字に変換 エンコーディング（encoding）

韻意識の調査結果では、単語を音素の単位に分けるスキルの方がつなぐスキルよりも難易度が高いことが明らかにされています。そのため、「単語は読めるのにスペルが書けない」という現象が当然生じます。文字のスペルを暗記する以外に、単語を音素の単位に正しく分けられるよう音韻操作スキルを育てることで、「音から文字へ」の変換を身につけていくことができます。

　日本の教室で指導をする際、音声では文の単位のやりとりが基本でしょう。そこから段階を踏んで単語の単位、音節の単位へとより小さな単位への気づきを育てていくと、スムーズに英語の文字と音の対応ができるようになります。注意する点として、日本人学習者の場合はネイティブとは音韻感覚が異なり母語の音節感覚で英語をとらえがちなため、ある程度明示的に「気づき」から「操作」へと導く必要があります。比較的大きな単位の音節やライムでも、ただ聞き流すだけで習得ができることは期待できません。具体的な指導法については、第1部を参考にしてください。

　音韻意識指導によって英語の「音」に慣れてくると、次に「文字」との接続へと進みます。この段階までに子どもたちはアルファベットには「音読み」と「名前読み」があること、そして単語を読むには音読みで読むということを知っています。音の区別もできるようになっています。次は「文字をつないで単語にする」「単語を聞き、より小さい音韻単位に分けて文字に対応させる」といった読み書きの練習に進むといいでしょう。図4は音韻意識と単語の読み書きの学びを段階的に示したものです。音韻意識は図のように大きな単位から小さな単位へと音韻単位が細かくなるに

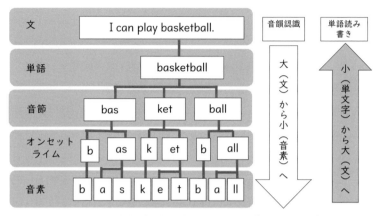

図4　音韻意識と単語読みの学びのステップ

つれ、処理や操作の難易度が高くなります。

　単文字のブレンディングでは、文字数が多くなるほど記憶の負担が大きくなります。たとえば、"cat" は3文字ですが "basketball" は10文字です。文字数が多くなるほどスペルを覚えられない子どもが出てきます。そこで、オンセット - ライムや音節といったチャンク（まとまり）を用いて読む練習も行います。図4で示すように、basketball は音節では3つのチャンク（bas-ket-ball）になるので、1文字ずつ音声化して1語にするよりは3つのチャンクをブレンディングする方が早く楽に読めます。そのためには音節感覚が育っていることが前提となることは言うまでもありません。このように、文字と音、音と文字の関連性と段階性を重視した読み書き指導の工夫は、特に音韻意識が十分に育っていない日本人の学習者には必要かつ有効ではないかと考えています。

3 … 外国語学習に強く影響するワーキングメモリ

　日本語を母語とする人の耳には、英語の音韻単位で知覚することが難しいことは2節で説明しました。日本語の持つ音韻的特徴が、英語を聞くときに「母音を多く追加」してしまい、実際よりも多くの音節数としてとらえてしまいます。そのことのどこが英語の音韻意識習得の妨げになるのか、なぜ英語らしく音声をとらえないといけないのかについて、記憶とい

う側面から説明を試みた英語入門書があります[7]。この本ではワーキングメモリとは「情報を一次的に記憶・処理する能力」[8]と説明されています。短期記憶[9]と違う点は、記憶だけでなく処理も含むことです。頭の中のワーキングメモリというメモ帳に情報を書き込み、それが重要な情報だと判断した場合は長期記憶に移し、そうでないと判断すれば消されます。そしてこのメモ帳の特徴として、ワーキングメモリの容量には制限があることが指摘されています[10]。

　単語の読みでは、音声化した文字を順序通りに記憶し、ブレンディング操作によって語として発音する過程を経ます。単語の書き取りではさらに複雑になり、聞こえてきた単語の音声を記憶に留めておきながら、音素や音節の単位に分解し、順序正しく文字に対応させていかねばなりません。ところが、ワーキングメモリは一瞬で消えてしまうため、慣れない音声を知覚・分析する段階で日本語音節でとらえることで、音節数があっという間に増えてオーバーフローを起こし、音の順序がわからなくなったり、記憶がすべて抜け落ちて空白になってしまうこともあります。しかも、心理学の語長効果という用語で表されるように、語が長くなるほどワーキングメモリに負荷がかかり、再生が難しくなります。

　たとえば、"strawberry"の"straw"は英語では1音節ですが、日本語では子音の後ろに母音がつくため、英語の単語も「す・と・ろぅ」と3音節でとらえてしまいがちです。これが単語ではなく文のレベルになると、"I like baseball."という一見簡単そうな文でも、英語音節ではI/like/base/ballの4音節、日本語では、「あ・い・ら・い・く・べ・ー・す・ぼ・ー・る」と11拍にもなります。そのため、短い文章に見えても覚えることが多すぎて、途中からわからなくなってしまい、一部の音が抜け落ちたり、違う音に置き換わったりという誤りが増えます（図5）。

7　湯澤美紀・湯澤正通・山下桂世子（編著）(2017)『ワーキングメモリと英語入門』北大路書房.

8　同上, p. 28

9　音声情報の短時間の記憶を担う働きをする

10　ギャザコール, E. S. & アロウェイ, T. P. 著、湯澤正通・湯澤美紀訳 (2009)『ワーキングメモリと学習指導：教師のための実践ガイド』北大路書房.

図5 I like baseball の音節と拍のイメージ

　本来は文字を手掛かりとして音声を記憶に留めることができるのですが、日本の小学校では英語のデコーディング指導をほとんど実施していません。その代わりに「カタカナ」を振らせ、記憶の手掛かりにしているようです。カタカナを振らせる指導の弊害は、日本語の音節で英語の音声を認識する癖をより強固に定着させてしまうことだと考えています。

　小学校での「やりとり」や「発表」活動で、文が覚えられずカタカナで文を読み上げる子どもたちの発音によく耳を澄ませてください。英語の音節になっているでしょうか。日本語の音節数ではありませんか。ALT の発音をリピートしているときはきれいに聞こえている児童の発音が、カタカナ文を読むと急に日本語っぽくなっていることはありませんか。日本語音節になっているようであれば要注意です。なかなか「英語が聞き取れない」「発音が通じない」のは、小さいころからのカタカナ読みにも原因があるかもしれません。中高での学習で指摘されている「聞こえる音と自分の発音の不一致」（リスニングへの影響）や、「発音しても相手に通じない」（スピーキングへの影響）といった、口頭コミュニケーションで生じやすい問題がいつまでたっても改善されないのではと危惧しています。英語の音韻感覚で英語を聞く耳を育てることは読み書きの基礎となるだけでなく、英語の 4 技能すべてにとても意味があるのです。

4 … 中学生はどこにつまずいているのか

　英語が小学校高学年から教科となることに最も不安を抱いているのは、実は中学校の先生方ではないかと思っています。中学校では毎年多くの

「英語嫌い」「落ちこぼし」を生んでいます。小学校で外国語活動がスタートしてから、「外国語によるコミュニケーションへの積極的な関心・意欲・態度」の向上や、「英語を聞いたり話したりする力がついた」という報告[11]がありますが、「入学時から英語が嫌い」「英語だけは無理」という生徒が増えたという中学校の教員の切実な訴えも聞こえてきます。

このような中学入学時での英語に対する好き嫌いの違いは、おそらく小学校での指導体験の違いも影響しているのでしょう。外国語活動は自治体や学校による取り組み内容に大きな違いがあるのは事実です。たとえば、文字学習に関して小学校卒業まで文字指導をほとんど行わず、ALT とのやりとりを中心にしている自治体もあれば、民間のフォニックス指導研修を行った上で教員に数年間のプログラムを導入する自治体もあります。CLILなどの統合型学習や異文化交流に積極的に取り組む学校すらあります。

小学校で3年生から4年間という長い期間をかけて英語の土台を作る際に、小学校の先生方に「これだけは知ってほしい」と思っていることが2つあります。

その1つは、英語学習において中学生がどのような分野や活動で苦労しているのかを知ることです。これは小中連携においても重要な知識です。小学生向けとはいえ、過渡期の教科書 "Hi, friends" や "We Can!" はもとより、2020年から使用される新教科書にはかなり多くの内容が盛り込まれています。そのすべての内容を子どもたちが理解・習得するわけではありません。小学校で習得に苦労したところは特につまずきが継続・深刻化しやすく、中学校での学びにも影響します。中学生のつまずきを知っておくことで、小学校から丁寧に指導ができれば中学生になって困る生徒も減るかもしれません。

もう1つは、学習を段階的・発達的にとらえる視点を持つことです。英語学習のつまずきの原因には、本人の能力や学習意欲の低下という学習者個人の課題以上に、学習者に負担をかけるような指導者側にも課題があると考えています。こうした学習者のつまずきや負担を減らすためには、

---

11 文部科学省 (2015)「諸学校英語の現状・成果・課題について」https://www.mext.go.jp/b_menu/shingi/chukyo/chukyo3/053/siryo/__icsFiles/afieldfile/2015/05/25/1358061_03_04.pdf(2020/04/25 アクセス)

何を変えていけばいいのでしょうか。

5 … 学習のレディネスから中学生のつまずきをみる

　「学習に影響を与える最も重要で、かつただ 1 つの要因は、その学習者が既に何を知っているかということである（The most important single factor influences learning is what the learner already knows.）」は米国の心理学者オーズベルの有名な言葉です [12]。学びを一連の流れの中でとらえ、学んだことができるようになるためにはどのような段階を踏み、どういう知識（あるいはスキル）が必要かといった学習者のレディネスの観点が指導には重要です。単に「〜ができる」ことをめざすのではなく、それを学ぶための十分な条件や準備が学習者側に整っているのかという視点でカリキュラムを作成することが大切です。

　たとえば、ひらがなをすらすらと読み書きできることをゴールとする場合、何から指導を始めるでしょうか。いきなり教科書を読ませるでしょうか。もし、かな文字の形と名前が一致していなければ、単語を読んで意味を理解することは難しそうです。それ以前に、読めない失敗経験が度重なると、生徒のやる気がなくなってしまうかもしれません。既に身についている知識やスキルを把握し、ゴールに向けた階段を 1 段ずつステップアップできれば、階段の途中で立ち止まってしまっている多くの "落ちこぼし" を未然に防ぐことができます。

　日本の生徒にとってどのような学びのステップを用意すれば難しさを克服していけるでしょうか。生徒のつまずきの原因は様々ですが、ここではレディネスの視点から見てみましょう。ベネッセが中学校の教員を対象としたアンケート調査 [13] によると、「単語（発音・意味・綴り）を覚えるのが苦手」と感じる教員が 60.9％、「文や文章を書くことが苦手」57.2％、「文字や文章を読めない（文字から音にうまく変換できない）」43.1％で、いずれも「とてもあてはまる」に該当します。筆者が参加したプロジェ

12　Ausubel, D. (1968) *Educational Psychology: A Cognitive View*. New York: Holt, Rinehart & Winston.

13　ベネッセ教育総合研究所 (2015)「中高の英語指導に関する実態調査 2015」https://berd.benesse.jp/global/research/detail1.php?id=4776 (2020/04/25 アクセス)

クトでも、中学1年生を対象に英語の学習に関するアンケート調査を実施しました。「英語の勉強で難しいことは何ですか」という問いに対して、最も多かった回答は「単語を覚えること」で67.3%でした。「文法を理解すること」(46.7%)、「発音」(35.2%)、「文の意味を理解すること」(34.5%)と続きました。これらの調査からも、単語学習が中学生にとって大きな負担となっていると教員は考えており、生徒自身も同じように感じていることがわかります。

　ただし、これらのアンケート調査では、つまずきを並列的に見るのではなく、相互の関係性をレディネス的な観点から読み取ることが大切です。つまり、上に挙げられた生徒の困り感のうち、最も基礎的なスキルと最も高度なスキルはどれでしょうか。ベネッセの調査では、「文字や文章を読めない」とありますが、文字が読めないことと、文章が読めないことを同じように考えて良いものでしょうか。

　単語が読めなければ、文章は当然読めません。このように、「AができなければBができない」という関係性から問題を1つずつ並び替えていくと、生徒には各々「つまずきのスタート地点」があり、そこからわからないことがどんどんと積み重なってしまっているということがわかってきます。アンケートで、「文字が読めない」と回答した生徒は、単語や文を読んで理解できているでしょうか。文が読めるようになるためには文法の知識が必要です。単語が読めなければ、文法の知識があってもやはり理解できません。単語を読むためには、文字が読めなくてはなりません。文字を読むためには、文字の音を知っていること、文字の違いを視覚的に認識できていることが最低限必要です。また、調査には加えられていませんが、文字が読めるためには文字の音を知らねばなりません。単語を読むには音韻意識のスキルが必要です。このような視点を持つだけでも、「なぜできないのか」「どこから支援を始めれば良いのか」の目安が得られます。

　児童生徒のレディネスが十分でないと感じたら、つまずきのスタート地点に戻りましょう。「急がば回れ」です。アルファベットが定着していない生徒に対して読む課題を増やすのではなく、定着していないアルファベットを丁寧に指導してから次のステップへとつなげましょう。同様に、学習の目標として「作文が書けるようになってほしい」「読解ができるよう

になってほしい」のであれば、「どのようなレディネスを育てるべきか」
という視点から指導案を作っていけば良いのではないでしょうか。

第7章

英国での読み書き指導

1 … ナショナル・カリキュラムとフォニックス

　英語圏では、reading war（読み戦争）として知られる読み書き指導メソッドについての議論が、長年専門家の間で繰り広げられてきました。人口の 10 ～ 20%がディスレクシアの可能性がある国々では、読み書き教育は容易ではありません。その中にあって、英国ではいくつかの大きな教育改革を経て、ナショナル・カリキュラム（National Curriculum）が規定されました。初等教育では読み書き能力向上を目的とした授業が義務化され、リテラシー教育の成果を上げてきました。この章では、英国における読み書き指導について具体的にどのような指導を行っているのかを紹介します。

　英国での伝統的なスペリングの指導法は "look-and-say method" です。これは文字列を丸ごと暗記する方法で、1908 年に Edmund Huey が開発し、1940 年代に英国で確立した指導法で "whole word method" としても知られています。

ところが、 米国の作家 Flesch は "Why Johnny Can't Read: And What You Can Do About It"[1] で Look-and-say の手法を厳しく非難し、文字の読み方を明示的、体系的に指導するフォニックスを支持しました。Flesch

Look-and-say
単語の全体を見て発音する学習法
＊whole word method とも言われる

/monkey/

monkey

図 1　Look-and-say method

1　Flesch, R. (1955) *Why johnny can't read: And what you can do about it.* New York: Harper & Row.

は、look-and-say は視覚的暗記に頼るため、「学習していない語は読む（音声化する）ことができない」という問題点を指摘しました。その後も単語の読み書きに関する論争は続きました。

　1989 年から 1998 年までのナショナル・カリキュラムでは、小学校の読み学習にフォニックスを用いることが推奨されましたが、大きな成果が得られなかったことから、それまで学校裁量としていたフォニックス指導方法も見直しが検討されることとなりました。フォニックスと言っても、背景理論などによりいくつかの異なるアプローチがあります。大きくは whole language（ホール・ランゲッジ）の流れを汲む「全体から個」を重視した analytic phonics（アナリティック・フォニックス）と、「個から全体」へと音素の統合を意識させる synthetic phonics（シンセティック・フォニックス）に大別されます。日本では「フォニックス」とひと括りにしますが、背景理論も、効果も、対象とする子どもたちのプロフィールも違っています。英語圏のフォニックスの歴史は古く、多くの研究が行われており、学ぶべき点は多々あります。これからは日本でも「どの理論を用いたフォニックスを選ぶか」が重要になるでしょう。日本の子どもたちの置かれている現状や発達段階に合わせた、独自のフォニックスの開発が進むかもしれません。

2 … アナリティック・フォニックスとシンセティック・フォニックス

　アナリティック・フォニックスは、従来英語圏で伝統的に行われてきた手法です。単語の読み方をいくつかのヒント（前後の意味の関連、あるいは単語の一部）に注目させ、「分析（analyze）」しながら読み方を学ぶアプローチです。既知の単語から学習単語をどう発音するかを推測し、単語に含まれる音や文字のパターンを分解し、自ら規則に気づくように導く指導が特徴です。主にアメリカにおける教授法で、a、b、c 順に教えます。"a" を教える場合、"a" から始まる単語を示してその発音を解説します。続いて、順に "a" から始まる単語を発表させ、その発音を推測させて指導していく方法です。この方法で効果を上げるためには、文字の音にある程度慣れ親しんでいることや、日常生活レベルでの語彙力があることが推測させる前提として必要になります。

一方、シンセティック・フォニックスは意味や文脈とは切り離した文字の音声化スキル獲得に重点を置きます。アルファベットを1文字に対して1音ずつ導入しながら、様々に既習の文字を組み合わせ、文字と音がどのようにつながって単語になるかを指導します。初めは頻度の高い s、a、t、i、p などの文字から指導し、1つの文字を指導したらすぐに既習の文字と組み合わせる (synthesize) ことで読み書きができるようにしていくアプローチです (湯澤・湯澤・山下, 2017)[2]。文字と音の関係を体系的に学んでいくため習得が早く、意味がわからない単語でも発音ができる反面、単語の意味の理解が後回しになるという指摘もあります。両者の違いをまとめたのが表1 (次頁) です。

　1998年には、読み書きに一層重点を置くナショナル・リテラシー・ストラテジーが公示され、「どのフォニックスを、どのように指導するか」に関する実証的な比較研究も数多く行われました。フォニックス指導法を決定するに当たり、教育省に最も影響を与えたのは、スコットランドのクラックマナンシャーで実施された300名の小学生を対象とした調査[3]と、教育水準監査院 (Office for Standards in Education: Ofsted) の当時の局長 Jim Rose による The Rose Report[4] であると言われています。

　クラックマナンシャーでは、小学1年生を対象に①シンセティック・フォニックス、②アナリティック・フォニックス、③アナリティック・フォニックスと音韻意識指導の3グループを作り、16週間のプログラムでの指導効果の検証が試みられました。その結果、①のシンセティック・フォニックスによる指導が、読みで7ヶ月、スペリングで9ヶ月分も進んでおり、子どもの読み発達に最も貢献したという結果が報告されました。

2　湯澤美紀・湯澤正通・山下桂世子 (2017)『ワーキングメモリと英語入門―多感覚を用いたシンセティック・フォニックスの提案』北大路書房.

3　Johnston, R., & Watson, J. (2005). The Effects of Synthetic Phonics Teaching on Reading and Spelling Attainment-Seven Year Longitudinal Study. http://www.gov.scot/Resource/Doc/36496/0023582.pdf(2020/04/26 アクセス)

4　Rose, J. (2006) Independent Review of the Teaching of Early Reading:Final Report. https://dera.ioe.ac.uk/5551/2/report.pdf(2020/04/26 アクセス)

表 1 アナリティック・フォニックスとシンセティック・フォニックスの比較表[5]

	アナリティック・フォニックス	シンセティック・フォニックス
それぞれの音の重要性	語頭音に重点を置く（例: sun の [s]）。この方法は短い単語であれば効果があるが、長い単語では難しい。初期段階では "推測" を重視する。	それぞれの位置にある音素のいずれも重視される（例: sun の [s]、[ʌ]、[n] のいずれの音や位置も重視する）。
推測の役割	推測を奨励する。特に最初の音に焦点を当てる。	推測では読まない。文字をつないで読む。
アルファベットの役割	アルファベット 26 文字とその音を基本として学ぶ。文字を見て音声を推測するため、同じ音声でもスペルが異なる場合は推測に頼る（place, kiss, sell という単語のすべてに [s] という音が入っているがスペルが違う）。	44 の音素と、その音がどのように表されるか（文字、文字の組み合わせ）を学ぶ。そのため、place, kiss, sell という単語に出合ったときも、[s] という音には、ce, ss, s などいろいろな表し方があることを前もって知っている。
発音	発音の正しさにさほど重点を置かない。そのため、子音の後ろに母音が付加して指導することがある（[b] を [ba] など）。	ブレンディング指導を行うため、音素の発音の正しさを重視する（特に子音の後に母音をつけないなど）。

　The Rose Report で Rose は、「高い質のフォニックス指導では必須のスキルである単語認識（word recognition）が保証されなくてはならない」と述べ、デコーディングを明示的かつ体系的に指導するシンセティック・フォニックスが最も望ましい、と結んでいます。さらに、初学者であれば次の①から④について特に指導すべきであることを指摘しています。

① 書記素―音素（文字―音）対応が段階的に、明示的に示される
② 単語を読む際に、重要なスキルである音素のブレンディングのスキルを適用する
③ スペルをする際には、単語を構成している音素に分けるセグメンティングのスキルを適用する

5　Analytic Phonics vs Synthetic Phonics, http://www.getreadingright.com.au/analytic-phonics-vs-synthetic-phonics/ より筆者編集加筆（2020/03/07 アクセス）.

④　ブレンディングとセグメンティングは表裏のプロセスであることを知る

　さらに、シンセティック・フォニックス指導の効果が最も高くなるのは下記の 4 つの場合だと述べています。

（1）　幅広く豊かなカリキュラムの一部として用いられること
（2）　子どもたちが様々なアクティビティによって学ぶ中で、スピーキングやリスニング、音韻意識が指導されること
（3）　視覚・聴覚・触覚など多感覚のアクティビティを用いること
（4）　十分に計画された体系的なプログラムが組まれていること

　これらの調査結果をもとに、2007 年に教育省はナショナル・カリキュラムの改訂を行い、全国的なシンセティック・フォニックスの導入が決定されました。2014 年にも再度ナショナル・カリキュラムの改訂が行われ、シンセティック・フォニックスの有効性について言及されています。

3 ··· Key Stage

　2015 年までは英国の義務教育は 5 才から 16 才まででしたが、2016 年以降 5 才から 18 才となりました。学年は日本とは異なり、生まれてから 5 才までの未就学期を早期 Early Years Foundation Stage（ファウンデーション・ステージ）[6]、5 才から 11 才を Primary（プライマリー）、11 才から 16 才までを Secondary（セカンダリー）と設定しています[7]。その後、大学進学を考えている子どもたちは、Further Education（ファーザーエデュケーション）として 2 年間の sixth form に進みます。Foundation

---

6　Department for Education (2017) Early years foundation stage statutory framework, https://www.foundationyears.org.uk/files/2017/03/EYFS_STATUTORY_FRAMEWORK_2017.pdf（2020/04/26 アクセス）

7　Department for Education (2014) Statutory Guidance National curriculum in England: framework for key stages 1 to 4. https://www.gov.uk/government/publications/national-curriculum-in-england-framework-for-key-stages-1-to-4/the-national-curriculum-in-england-framework-for-key-stages-1-to-4 (2020/04/26 アクセス）

表 2　英国の義務教育

初等教育 Primary School	Key Stage 1	5 才から 7 才（Year 1, 2）
	Key Stage 2	7 才から 11 才（Year 3, 4, 5, 6）
中等教育 Secondary School	Key Stage 3	11 才から 14 才（Year 7, 8, 9）
	Key Stage 4	14 才から 16 才（Year 10, 11）

Stage は日本における幼稚園教育要領、Primary と Secondary は学習指導要領にほぼ相当します。日本で、小学校低学年、中学年、高学年と区別するように、イギリスでは義務教育を Key Stage という段階で区切っています。

　就学前の子どもたち（4 〜 5 才）は、小学校に付属する学校で 1 年間勉強します。その期間はレセプション（Reception）と呼ばれ、その小学校での最初の学年とみなされます。

　ナショナル・カリキュラムには学年ごとの学習目標が掲げられていますが、日本と異なり、検定教科書や授業時間数についての規定はありません。しかし、ほとんどの公立学校はナショナル・カリキュラムに従った内容を実施しなければなりません。小学校では、学習目標の到達度は Key Stage1 終了時の 7 才、Key Stage2 終了時の 11 才時点で実施されるナショナル・テストによって測定されます。

　読み書き指導で用いられている様々な教材から、2007 年に教育省（Department for Education and Skills; DfES）が作成したフォニックス教材の "Letters and Sounds―Principles and Practice of High Quality"（以下：Letters and Sounds）を紹介します[8]。Letters and Sounds は phase（フェーズ）と呼ばれる 6 つの段階で構成され、Reception と Key Stage 1 でほぼ終了します。その中でも phase1 は文字を用いず、音韻意識の発達を促す内容です。「フォニックス活動への道筋をつけるために極めて重要なスピーキングとリスニングの発達を目差す」[9] ことが目的とされています。学習環境に含まれる音への気づきや、様々な音を聞き分ける活

8　https://www.gov.uk/government/publications/letters-and-sounds

9　同上 p. 10 より

表3 Letters and Sounds: phase1 の概要 (DfES, 2007)

音韻意識の発達		Phase1
単純	音への気づき	aspect 1：リスニングスキルと、暮らしの中の音への気づきを高め、物語や歌を聞いたり、繰り返して言ったりする aspect 2：楽器の音に慣れ親しむ
	音節	aspect 3：音とリズムへの気づきを高め、歌やライムを動作と一緒に楽しむ
	ライム（押韻）	aspect 4：繰り返しの多い詩などを用い、ライムを聞くことで、英語のリズムや音への気づきを高める
	アリタレーション（頭韻）	aspect 5：同じ音で始まる語やフレーズから、アリタレーションの理解を高める
	オンセット-ライム	aspect 6：混成や分解活動を含む、口語の音の違いに気づき、口の形や舌の位置、動き方などを意識する
複雑	音素	aspect 7：単語に含まれる音のブレンディングとセグメンティングスキルを伸ばす

動など、より複雑な音の気づき、音韻のブレンディング、セグメンティングなどの操作を段階的に身につけられるよう工夫されています（表3）。どのように言語の音声を聞き分けたり作ったりする力を身につけていくのでしょうか。Phase には、aspect(アスペクト)と呼ばれる、より細かな学習項目があります。各 phase の具体的な内容について、詳しく見てみましょう。

・Phase1

　Phase1 は 7 つの aspect で構成されています。Aspect 1、2 では、お話を聞く、歌を聴く、様々な楽器の音を聴くなどの遊びを通して、「聞く」ことそのものへの態度を養うことが重視されます。Aspect 3 では、音節感覚を養うためにリズムを重視した活動を行い、aspect 4 では、歌や絵本などを教材として用いてライミングソングなどでライムに慣れ親しみます。Aspect 1 〜 4 までで、子どもたちは日々の生活の音から言葉（音声）に意識を向け、音声に含まれるいくつかの要素（音節やライム）への気づ

きを得ていきます。Aspect 5 では、「アリタレーション」という、頭韻を踏むことば遊びによって、アルファベットと発音を結びつけることを学びます。下の例では、子どもの名前の頭文字の音とその音で始まる単語を並べています。

James likes jelly,
Olivia likes olives,
Michel likes music,
Nancy likes numbers.

　ライミング（押韻）では単語の母音から後ろの部分に注目させますが、単語の最初の音に意識を向けるのがアリタレーション遊びの役目です。「初めの音が同じだね」と声をかけることで、一連の単語には "初めの音" があることに子どもたちは気づいていきます。
　Aspect 6 と 7 では、「息を吐く」「息を吸う」「舌を思い切り突き出す」「舌をべろべろ左右上下に動かしてみる」などのように、音声をつくる口の動かし方をしっかりと練習します。また、生活音を真似してみるといった活動もあります。ボールが跳ねる "boin-boin"、ヘビが出す "hiss"、びっくりしたときの "Oh" など、絵カードを見ながらの音遊びや、当てっこ遊びをクラスで楽しみます。音素やライムをつないで単語にしたり、単語を小さく分ける練習もします。いきなり言わせるのではなく、常日頃から教員がたくさんのブレンディングやセグメンティング操作を口に出し、それに慣れ親しんでいることが重要であると考えられています。

　例：Let's go to the p-ar-k, park! / Who can touch their f-ee-t, feet?/
　　　Let's get your c-oa-t, coat!

　このように、単音節（母音が 1 つ）の単語をまず音素に分けて発音し、次に単語全体を発音するように習慣化していると、子どもたちは自然と単語の構成に耳を傾けることになります。そのほか、Clapping Sounds という活動では 3 音からなる単語（例：sat, pin, tap, pit）を聞かせ、手を叩

きながら1音ずつ発音してから、単語全体を発音する練習も行います。

先生：s-a-t（1音ずつ手を叩きながら）
児童：s-a-t（同上）
全員：sat!（1回手を叩いて語を言う）

・**Phase 2 から Phase 4**
　Phase 2から4では、ターゲット文字と音声の学習、文字の認識、口頭でのブレンディングとセグメンティング練習などが行われ、文字や音素の操作をしっかりと身につけていきます。たとえば、Letters and Soundsで学ぶ最初の6文字はs、a、t、p、i、nです。これらの文字を並べ替えると、at、it、sit、sat、pin、pitなどのように単語がいくつもできます。子どもたちはブロック遊びをするように文字と文字をつないだり、別の文字に入れ替えたりする練習を通して、文字をつないで読んだり単語の音を分けてスペリングするスキルを身につけていきます。

　小学校1年生からはKey Stage 1[10]に進みます（図2「Key Stage1 Year 1概要」）。そこでは、「リーディング：単語の読み」としてフォニックスの知識を用いることや、発音の正確さとスピード、また、文字のブレンディングについて具体的な目標が示されています。さらに「一般的な不規則語（common exception words—フォニックスの規則通りに読めない単語で、英単語の25%は不規則語と言われている）を読むことができる」ことについても触れ、フォニックス学習と並行して、the、they、one、my、areなど、よく使われる不規則語も段階的に学ぶよう計画されていることがわかります。

　「ライティング」(1)はスペリングです。小学1年生ではフォニックスで読める語や不規則語のスペリングを学ぶほか、アルファベットの名前が順番に言えるようになることが目標とされています。日本では、アルファ

10　Department for Education (2014) National curriculum in England: English programmes of study. https://www.gov.uk/government/publications/national-curriculum-in-england-english-programmes-of-study/national-curriculum-in-england-english-programmes-of-study（2020/04/26 アクセス）

ベットの名前読みをまず習いますが、英国では音読みから始めます。アルファベットは後回しというのは面白いと思われるかもしれません。ここでは詳細は省きますが、指導内容や導入順序は科学的根拠に基づいて構成されています。

Key Stage1　Year 1（1 年生）

リーディング：単語の読み（word reading）
1. 単語のデコーディングにフォニックスの知識を用いる
2. 40 以上のすべての音素に対応する文字を、正しい発音で素早く読むことができる
3. 既習の音と文字の規則からなる未習語の音を正しくブレンディングさせて読むことができる
4. 一般的な不規則語を読むことができる

　　　　　　　　　　　　　　　　　　（以下略）

ライティング：書写（トランスクリプション）
(1) スペリング
1. 以下の語のスペリングの指導を受ける
　・既習の 40 以上の音素を含む語
　・一般的に使われる不規則語
　・曜日
2. アルファベットの名前について
　・アルファベット文字の名前が順番に言える
　・アルファベットの名前を用いて、同じ音で異なるスペルについて区別することができる
3. 接頭辞と接尾辞を加える
　・スペリング規則により名詞の複数形と動詞の 3 人称単数を表すために -s や -es を加える
　・un- の接頭辞を用いる
4. 基本の語のスペルを変化させる必要のない語に、-ing, -ed, -er, -est を用いる（例：help に -ing を用いる場合はそのまま ing を加える。ほか、eating, quicker など）

　　　　　　　　　　　　　　　　　　（以下略）

図 2　Key Stage1　Year1 概要

1年生の最後には、全国統一のスクリーニングテストが行われます[11]。2019年のナショナルカリキュラムアセスメントでは、40語からなる単語リストを順に読んでいきますが、既存の知識に頼らず読めているかを正確に測るために、20語は無意味語が用いられます（例：sut, zome, uctなど）[12]。基準スコアは32点です。「ほとんどすべての子どもは基準を超えることが期待される」[13]ため、基準スコアに至らなかった場合に学校が取るべき指針も示されています。

4 … 日本の課題

　このように、基礎ステージから通して見ると、英国のプログラムはとても丁寧に順序立てて音から文字へのステップを踏んでいます。母語であるにもかかわらず、音韻意識の育成にも多くの時間をかけ、単語の読み習得にも数年間以上もの時間を費やしています。その背景にはディスレクシアの問題が大きく影響を与えてきたことは言うまでもありません。「英語圏の人は母語だから英語の読み書きが簡単に習得できる」のかというと、決してそうではないのです。

　英語の読み書き習得は誰にとっても難しいのです。外国語として英語を学ぶ場合は、母語の影響もあるため一層注意が必要になります。読み書きスキルは一朝一夕に身につくものではなく、長期的な展望を持って計画されなくてはなりません。日本の英語教育においても「ディスレクシアを含むすべての子ども」を念頭に置いた読み書きプログラムづくりは、今後の大きな課題となっていくでしょう。

11　Standards & Testing Agency (2019) 2019 phonics screening check: Scoring guidance. https://assets.publishing.service.gov.uk/government/uploads/system/uploads/attachment_data/file/809986/2019_phonics_pupils_materials_standard.pdf (2020/04/26 アクセス).

12　同上

13　Department for Education (2013) The phonics screening check: Responding to the results-Departmental advice for reception and key stage 1 teachers. https://assets.publishing.service.gov.uk/government/uploads/system/uploads/attachment_data/file/285349/The_phonics_screening_check_responding_to_the_results--.pdf(2020/04/26 アクセス).

第**8**章

子ども目線の読み書き指導

1 … 新学習指導要領と読み書き指導

　英語圏のディスレクシア指導を念頭において、日本でも英語を学習する際に段階を踏んだ丁寧な指導を実施すれば、児童生徒にとって英語の読み書きがかなり楽になるだろうと筆者は考えています。もし、音韻意識やデコーディングのスキルを十分に育てられなければ、聴覚的な記憶（音を覚えておく）と視覚的な記憶（文字とその文字の配列を覚えておく）に大きな負荷がかかります。視覚的暗記だけで語彙を増やすには向き・不向きや限界があるのです。新学習指導要領では中学校で扱われる英単語数が1200語から1800語に増えました。暗記学習がつらくて、ついていけなくなる生徒が増えることが予想されます。

　文部科学省は音と文字の接続についてどのように考えているのでしょうか。小学校高学年の「聞くこと」では、「ゆっくりはっきりと話されれば、自分のことや身近で簡単な事柄について、簡単な語句や基本的な表現を聞き取ることができるようにする」、「話すこと」では、「基本的な表現を用いて指示、依頼をしたり、それらに応じたりすることができるようにする」と示されています。しかし、「読むこと」は「活字体で書かれた文字を識別し、その読み方を発音することができるようにする」、「書くこと」では「大文字、小文字を活字体で書くことができるようにする」、「簡単な語句や基本的な表現を書き写すことができるようにする」のように、目標のレベルに差があります。これは、「小学校段階では初めて外国語に触れるため、「聞くこと」、「話すこと」と「読むこと」、「書くこと」では求めるレベルが違うことを踏まえる」という記述[1]にあるように、それぞ

1　文部科学省（2017）『小学校学習指導要領（平成29年告示）解説「外国語活動・外国語編」』p. 90

れの領域を同列では考えられないことを示していると思われます。ところが、中学校の学習指導要領[2]では、目標の「聞くこと」では、「はっきりと話されれば、日常的な話題について話の概要をとらえることができるようにする」とあり、「読むこと」でも「日常的な話題について、簡単な語句や文で書かれたものから必要な情報を読み取ることができるようにする」のように、「聞くこと」、「読むこと」について、レベル的には変わらない目標が掲げられています。

「口頭でのコミュニケーションと文字でのコミュニケーションが同程度になるのはいつだろうか」、という疑問が湧いてきます。小学校の指導要領では、「読むこと」の目標には「音声で十分に慣れ親しんだ簡単な語句や基礎的な表現の意味が分かるようにする」とあるため、ここはフォニックスのように文字と音を対応させる学習法ではなく、単語のイメージなどを見せて綴りを添える"look-and-say"の手法で、単語や表現が「読める」と述べていると解釈します。つまり小学校では、児童は単語を全体的に見てわかるロゴグラフィック段階までの学びが期待されているけれども、正字法の段階には至っていないと考えられます。「音声で十分に慣れ親しんだ語句」が文字として正しく読め、デコーディングできるようになるためのスキルは、いつ、どこで身につけられるのでしょうか。

上記に加えて、中学校指導要領にある「簡単な語句や文を用いて」の「簡単」については、「小学校の学習やこれまでの経験の中で触れてきた語彙や表現を含め、中学校で扱う語句や文を用いることである」と説明されている通り、これも音声的に慣れ親しんだ語句のことを意味しているようです。しかし、音声的な知識や情報を文字で読んだり書いたりすることは、先生にとって「簡単だ」と感じることも、子どもたちにとっては「それほど簡単ではないかもしれない」と意識しておかねばなりません。何が簡単なのかは主観的な側面もあり、教える側でなく学習する側からの「わかりやすさ」を考えて設計する必要があるでしょう。

上記のように、学習指導要領には音と文字の学びの体系的な習得等について明記されていないため、単語指導は従来のようにスペルと音声を覚え

2　文部科学省 (2017)『中学校学習指導要領 (平成 29 年告示) 解説：外国語編』

させる暗記型の指導が行われる可能性が高いでしょう。ですが、それでは多くの生徒が困ります。つまずかせてから「どうしようか」と代案を立てるのではなく、中学生の英語学習で今すぐにでも必要とされるスキルは何なのか、小学校から何をどのように身につけさせるのかといったことを考え始めねばなりません。小中連携を成功させるためにも、読み書きの準備段階の指導は子どものレディネスも踏まえたうえで計画的に進めたいものです。

2 … 小学校教員の「気づき」から早期発見・対策へ

　2020年に小学3年生から英語学習が正式に導入されていますが、5、6年生の科目となった段階で学習に格差が生じないようにするために何ができるでしょうか。英語学習の遅れが顕在化してからでは遅すぎます。さらに、英語教育分野の特別支援専門家の不在という現状を考えると、小学校での学習の遅れは小学校のうちに解消したいものです。そのためには、早期に子どもたちのつまずきに気づき、対応することが不可欠です。

　先行研究で明らかにされてきたように、母語と外国語の習得には関連があります。当然、母語である日本語の習熟度に関連しますが、それを「国語ができないから英語もできない」と根拠のない先読みをするのではなく、「国語の学習状況から英語のつまずきリスクを予測し、早期の対応につなげる」ことは、小学校ならば可能ではないでしょうか。全教科を担任が把握している小学校ならではの利点を生かすべきです。国語のつまずきの対応は、特別支援教育で国語に遅れの見られる子どもたちに対して、効果があるとして広く採用されている手法を応用してはいかがでしょうか。

　たとえば、次のような症状を持つ子どもたちは教室にいませんか。

①漢字の書字が苦手

　理解力はあるのに漢字が思い出せない、書いても形がバラバラならば、アルファベットも同じように文字を思い出すのに苦労し、書字では左右上下の混乱を生じやすい傾向があるかもしれません。そのような子どもたちに対しては視覚（見ること）だけで覚えさせるのではなく、運動感覚（書字の際の手と腕の動き）を使います。たとえば、dを書く場合は始点（図1の

丸印）から「ぐるっと左に円を描いて上に伸
びるよ、同じ線をびゅーっと降りて着地成
功！」のように、実際に手を動かし、声に
出しながら練習すると効果的です。

図1　dの書き方

②ローマ字の書字が特に苦手
　小学3年生で習うローマ字学習時の誤り
は、そのままアルファベットの誤りへと移
行しやすいものです。特に、ローマ字学習
時に文字の形の誤りが定着してしまった場合、英語のアルファベットを学
ぶ際に修正するのはとても時間がかかります。そういう意味からも、ロー
マ字の誤学習によって英語の文字学習に影響があることを十分認識してお
かねばなりません。教科の専門性の違いからローマ字指導は国語科、ア
ルファベット指導は英語科で扱われてきました。このため、少なからず指
導の違いにより現場に混乱を招いてきました。そのことを回避するために
も、他教科との連携を提案してはいかがでしょうか。

③文字の音が思い出しにくい
　漢字、ローマ字を問わず、文字を見て「えーと、なんて読むんだった
かな」と首をひねっている様子が多いようならば、文字をイメージ化し
たもの（イラストや絵など）を用いたり、文字の形に意味を関連づけたり
（"ant" の "a"）、書く順番を声に出して言う（"a" は「くるっとまわって
短いたて棒」）など、様々な方法があります。国語の特別支援関係の本で
紹介されている指導教材などは、英語にも
十分応用できるものが数多くあります。前
もって教員が用意し、児童に気に入った教
材を選択させるのがいいでしょう。

図2　aのイメージ化

3 … 英語のつまずき予測チェックリスト

表1は、小学校の国語や他科目で既に見られるつまずきから、「英語学習時でもしかしたらこういうつまずきにつながるのではないか」という予測を筆者がまとめたものです[3]。

表1　国語のつまずきから予想した英語のつまずき対応例

国語のつまずき	英語活動や学習	可能な対応例
・文字を読むこと（音を思い出すこと）、書くことに時間がかかる	・国語のつまずきと同じ	・「文字を思い出すのが大変なんだね」と気持ちに寄り添い、アルファベットシートを見て書くことを許可したり、パソコンやタブレット端末の使用スキルを身につけさせる ・スピーキング活動などで英語の楽しさを感じさせながら音声的な語彙量を増やしていく
・文字が汚く、文字のバランスが悪い	・かなも漢字も同じような癖のある文字を書く ・a や o などの円がうまく閉じられない ・小文字に左右上下の混乱が生じる ・4線のルールが定着せずバランスよく書けない	・「もっときれいに書きなさい」などとは絶対に言わないようにし、手と腕の動き方などを具体的に示し、徐々に「読める程度」の文字をめざす ・書字練習より学習内容の理解を優先し、困難の程度により合理的配慮としてパソコン入力を認める

3　これらの特徴すべてが1人の子どもにみられるものではありません。このような様子がみられるからといって、決して「障がいがある」のでもありません。

国語のつまずき	英語活動や学習	可能な対応例
・文字の形を覚えてもすぐに書き方を忘れる ・文字の形を思い出すのに時間がかかる(考え込んでいる様子など)	・国語のつまずきと同じ	・指導方法を変えるのが効果的で、絵にする、言葉にする、好きなモノと関連づけるなど、本人が一番覚えやすい、思い出しやすいやり方を見つける ・自宅課題は慎重に選択し、負担を減らす
・何度も聞き返す ・新しい言葉をよく言い間違える(単語の中の音の順序を入れ替えるなど)	・単語やフレーズのリピートがあやふやで、途中で音を忘れたり、不正確な発音になる	・音声スピードを遅くし、はっきりとイメージがとらえられるようにする ・長い文やフレーズは、音節リズムの区切りで手を叩くなど、小さなチャンクにしていく(一連の固まりにしない) ・口や舌の形や動かし方、息の出し方など発音方法がはっきりわかるようにする
・逐次読みになる	・全く読めない	・単語をまとまりにして記憶することが負担となっている可能性があるので、音韻意識と文字と音の対応習得(フォニックス)指導を試してみる
・板書を写すのに時間がかかる	・板書を写すのにとても時間がかかる	・ノートを取ることで精一杯であれば、予めポイントをプリントにして全員に配布し、話に集中できるような環境を作る ・ノートを取ること自体が本人の負担になっているのであれば、学習内容理解を優先し、黒板の撮影を許可するなど合理的配慮を検討する

コラム5　　書写が困難だった原因が視覚機能？

　どんな人にもあてはまるわけではありませんが、筆者の主宰する教室で実際にあったケースです。読解力はあり、文章もよどみなく読めるのに書写に困難を感じ、テストで点が取れず、自信をなくし不登校気味になっていたB君。先が見えない中、視覚機能検査を受けたところ、文字の行間が詰まって見え、そのため同じ行を何度も読んでしまったり、読み間違いが多くなっていることがわかりました。夏休み中に親子でビジョントレーニングに取り組み、徐々に字形も整い始めました。国語のつまずきを放置することなく、あらゆる指導を模索し続けたことが実った例だと思います。

おわりに

　本書は、これから英語教科でのインクルーシブ教育の実現を目指す教育者にとって必要な情報を、著者の指導経験に基づいてまとめたものです。発達障がいについての基礎知識や、英語固有のつまずきとその周辺知識は、これからの教科教育には欠かせないと感じており、英語教育に関わる指導者、支援者にもぜひ知っておいてほしいものです。

　もともと、本書の執筆の核となる思いが芽生えたきっかけは、米国での大学院時代に遡ります。当時、私は英語教育学や特別支援教育とは全く関係のない図書館情報学（Library and Information Studies）を専攻していました。図書館員というと「本を整理する人」のような印象があるかもしれませんが、私が抱く米国の図書館員のイメージは、図書館を使用するすべての人の「知的自由（intellectual freedom）」を守るため、とてもアクティブに活動する能吏です。「すべての住民に開かれた図書館」を目指し、米国の図書館は時代の要請と共に変化してきました。『パブリック図書館の奇跡』（2020）[1] という、行き場のないホームレスのために規則より人命を優先して戦う図書館員の映画があります。米国の公共図書館ならば十分ありえそうなことだと思い起こされました。大学院での議論のいくつかは今でも記憶に残っています。たとえば、「ホームレスが図書館に入ってきた。ほかの利用者から苦情が複数寄せられるが、そのときあなたは（図書館員として）どう対応するか」のような課題が与えられます。「ほかの人が不快になるような行為は禁じられているので出て行ってもらう」という意見がある一方、「ホームレスは図書館でしか新聞の求人広告が読めず、パソコンを使用することもできないかもしれない。もし公共図書館がホームレスを閉め出せば、彼らが情報にアクセスする機会を奪うことになってしまうだろう。彼らの生活に図書館は必要だ」という意見もあります。「公共図書館は誰のため、何のために設立され運営されているのか」

1　大寒波の影響で路上で凍死者が続出する米国の公共図書館が舞台。図書館員が、シェルターに入れなかったホームレスと図書館に立てこもる。

について確固とした信条を持ち、それが職場で共有されていなければ、次々と起こる問題への対応にぶれや揺らぎが生じます。利用者に理解を求めることや、同僚との協力体制の構築も難しくなることを、議論を通して考えさせられました。

　このような例は、図書館員だけでなく、学校の教員にも同じようなことが言えると思っています。学校はすべての子どもたちに等しく教育の機会を提供し、学びの質を保障している場です。しかし、今の日本の英語教育は画一的な授業スタイルが固定化されてしまっており、それに合わない子どもたちが毎年のようにはじかれ、学びにアクセスすることが困難になっています。特に、読み書き指導では「20回書いて覚える」など、暗記以外の指導の選択肢やレディネスを考慮した教材への配慮が少なすぎると感じています。「学習障がい」や「特別支援教育」を理由にせず、まずは指導者側ができることから変えていけば、子どもたちは必ず変わります。「できる努力を楽しく、知らずと積み重ねる」ように工夫しながら、「みんなにわかりやすい」「参加しやすい」授業を目指しましょう。そうした授業を作るためにできることは、まだたくさんあります。「こういう視点もあるよ」という一石を投じる目的で、本書の執筆に取り組みました。

　日本の英語教育には特別支援教育の手が届かない「指導の空白地帯」が存在していると考えています。特に、読み書きの領域においてはほとんど手がつけられていません。これが「英語の支援は未開拓」とまで言われる所以でしょう。その解消については、2つの取り組みが必要だと考えています。1つは、ディスレクシアを念頭においた英語授業の改善です。英語ネイティブで10%から20%の出現率ですから、外国語として英語を学ぶ日本人学習者にはさらに多い割合で「英語が読めない」子どもたちが存在しているはずです。ディスレクシアについては既に英語圏で多くの研究の蓄積があり、つまずきの要因が音韻意識やデコーディング領域にあることが解明されてきました。これらの基礎スキル無くしては単語や文章をすらすら読んだり内容理解を深めることは難しいため、特に初期指導で育てなくてはならない技能です。しかし、なぜか日本でこれまでほとんど指導されることはありませんでした。今後これらの領域の研究が進み、さらに日本語母語話者の特徴を考慮した読み書き指導法が開発されれば、全体の

英語力向上につながる可能性はとても高いと思います。

　もう1つの取り組みは、英語教育と特別支援の両方のスキルを持つスペシャリストの養成です。通常学級の改善により9割以上の子どもたちが問題なく授業についていくことができるようになったとしても、やはり学習につまずく子どもたちはいます。そのときに、十分な知識と技量のある専門家が関わることで、つまずきが短期間で解消されたり、活動参加への代替方法が提案できたり、必要な合理的配慮が提供される可能性が高くなります。このように、つまずきに十分配慮した通常学級の授業づくりと、必要なときに頼れる専門家の両方がタッグを組むことで、英語指導の網の目が細かくなり、学習の質が保障できるようになると考えています。

　そうは言っても、こうした特別支援教育と英語教育の融合はなかなか進まないかもしれません。一方、子どもの成長は待ったなしです。そこで、担当の先生にしかできないことで、1つだけ簡単なお願いがあります。遅れがちな子どもたちの様子をよく見て、4技能のうち得意なスキルを見つけ、そこを褒めて伸ばしてください。これからの英語教育では、読み書きの基礎的技能はもちろん大切ですが、リスニングやスピーキングの力もさらに重要視されます。子どもたちが「もう英語は嫌だ」とならないで、学習を続けていくために必要なことは「自分にもできる（かもしれない）」という希望です。どんな子どもたちにも、どこか得意なところがあるはずです。「いつも発音がきれいだね」「聞き取りがうまいね」「堂々と話せているし、わかりやすいよ」など、英語に関して自信を持てることが1つでもあれば、希望を持ち続けることができます。子どもたちにとっては、先生から褒められ、認められることが一番の支えとなります。小学生であれば「点数なんて全然気にしなくてもいいよ！　間違ってもいいよ（当たり前だよ）！　英語がわかるって楽しいね」というメッセージを常に授業内で発信できていれば、英語を嫌いになる子どもたちはもっと少なくなるでしょう。英語習得は長い道のりだからこそ、のびのびと、楽しく英語に触れあう時間を大切にしてほしいと思っています。ポイントは先生が焦らないことかもしれません。試行錯誤はつきものです。うまくいかないと感じるときには、子どもたちの声に耳を傾けてみてください。本書が先生方の指導に少しでもヒントになれば心より嬉しく思います。

最後になりましたが、本書の出版にあたっては出版工房一穂の長友賢一郎氏に心からの感謝と御礼を申し上げます。約2年間、本書の企画から執筆まで、ひとかたならぬお世話になりました。本当にありがとうございました。また、西岡有香先生（大阪医科大学LDセンター）には特別支援教育に関連する事項について、山下桂世子先生（Ashbrook School; Jolly Phonics, Grammarトレーナー）にはイギリスの教育について、それぞれ原稿をチェックしていただき、貴重な助言をいただきました。読み書き指導における「生徒のつまずき」については、行岡七重先生（松江市小学校外国語活動指導協力員）より豊富な現場経験に基づく適切な提案と助言をいただきました。3人の先生方には心より感謝いたします。そして、出版を引き受けていただいたくろしお出版の池上達昭氏にもお礼を申し上げたいと思います。

　なお、本書の記述に関するすべての責任は著者である私にあります。もしお気づきの点などございましたら、ぜひご指摘・ご意見等いただけますと幸いです。

2020年12月15日
村上加代子

巻末参考資料

よく使われる単語の音節数をまとめたものです（単語／音節数）

国

Japan	2
Ausutralia	4
Brazil	2
China	2
Finland	2
France	1
India	3
Russia	3
Korea	3
Argentina	4

気分・感情

fine	1
good	1
happy	2
sad	1
sleepy	2
hungry	2
tired	2

数字

one	1
two	1
three	1
four	1
five	1
six	1
seven	2
eight	1
nine	1
ten	1
eleven	3
twelve	2
thirteen	2
fourteen	2
fifteen	2
sixteen	2
seventeen	2
eighteen	2
nineteen	2
twenty	2

食べ物

beef	1
bread	1
cake	1
milk	1
pizza	2
fried chicken	3
jelly	2
fruit	1
hamburger	3
hotdog	2
omelet	2
orange	2
juice	1
potato	3
sausage	2
salad	2
yogurt	2

月

January	4
February	4
March	1
April	2
May	1
June	1
July	2
August	2
September	3
October	3
November	3
December	3

生き物

elephant	3
dog	1
snake	1
frog	1
bear	1
bird	1
giraffe	2
tiger	2
hippo	2
cat	1
fox	1
gorilla	3
butterfly	3
spider	2
ant	1
beetle	2
bug	1
warm	1
mosquito	3
grasshopper	3
caterpillar	4

word family 読みリレー　（p. 81　活動例㉓）

-at	-et	-it	-ot	-ut
s-at	p-et	s-it	d-ot	b-ut
m-at	s-et	f-it	l-ot	c-ut
b-at	l-et	p-it	p-ot	h-ut
c-at	v-et	b-it	h-ot	n-ut
f-at	m-et	l-it	n-ot	g-ut

-ap, an	-ep, en	-ip, in	-op, on	-up, un
cap	rep	tip	hop	cup
lap	step	zip	mop	tup
gap	hen	trip	top	run
pan	pen	pin	son	gun
fan	ten	win	ton	fun

−am , ag	−eg , ig	−im , ig	−ob , og	−um , ug
dam	leg	him	job	gum
ham	beg	dim	mob	drum
jam	peg	big	dog	hug
sag	pig	dig	fog	mug
tag	dig	fig	log	plug

−ad , ab	−ed , eb	−id , it	−od , ob	−ud , ub
sad	bed	kid	rod	bud
mad	fed	lid	nod	mud
bad	red	pit	pod	cub
cab	web	sit	rob	tub
lab	creb	tit	job	pub

グループ対抗ライムマッチング （p. 64　活動例⑬）

オンセット - ライムクッキング （p. 66　活動例⑭）

村上 加代子（むらかみ かよこ）

甲南女子大学准教授。発達障がいのある子どもへの英語読み書き指導を主に研究。「英語教育ユニバーサルデザイン研究学会」会長。LD専門「LEK英語読み書き学習支援」主催、特別支援教育士スーパーバイザー（S.E.N.S-SV）。神戸山手短期大学准教授を経て、2019年度より現職。著書に、『読み書きが苦手な子どものための英単語指導ワーク』（明治図書出版、2018）、『目指せ！英語のユニバーサルデザイン授業』（編著、学研、2019）、『学びはじめにつまずかせない！多感覚を生かして学ぶ　小学校英語のユニバーサルデザイン』（共著、明治図書出版、2020）、『ビジョントレーニングでアルファベットはじめてドリル』（共著、東京書籍、2020）ほか。

個に応じた英語指導をめざして
—ユニバーサルデザインの授業づくり—

初版第1刷 ———— 2021年5月15日

著　者 ———— 村上加代子

発行人 ———— 岡野秀夫

発行所 ———— 株式会社くろしお出版

〒102-0084　東京都千代田区二番町4−3
［電話］03-6261-2867　［WEB］www. 9640. jp

印刷・製本　藤原印刷　装　丁　仁井谷伴子　装　画　友田厚子